感官

性‧慾望與美學

藝術

露絲‧魏斯太摩博士◆著　　趙永芬◆譯

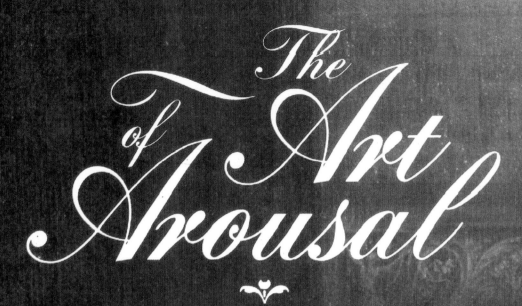

The Art of Arousal

DR. RUTH WESTHEIMER

感官藝術

The Art of Arousal

原書作者／Dr. Ruth Westheimer

譯者／趙永芬

出版・發行／萬象圖書股份有限公司

發行人／林維青

地址／台北市南京東路三段269巷6號B1

郵撥帳號／15806765　訂書專線／(02)7192088

登記號／新聞局局版臺業第四九一四號

一版一刷／1994年9月　台幣定價／1250元

香港地區發行／萬象圖書公司

九龍大角咀埃華街28號永利工業大廈1樓B座

訂書專線／3948863　港幣定價／300元

ISBN 957-669-534-1

目 錄

序言

從編寫本書的過程當中，證明了一個人若想開展新的方向，永遠不嫌太遲。一年前的我決不相信自己可以走進一間美術館，並且挑選出一幅幅不僅性感撩人，而又述說著人類偉大故事的圖畫，如今我幾乎等於住在美術館了！

起初開始著手這本書時，我對藝術一無所知，因此乃邀請一位嚴肅的藝術史專家共同撰寫，他也是我一位非常好的朋友。他擁有一疊又一疊的圖畫影印本，然後我們在吃吃傻笑中完成了挑選本書插畫的工作。打從一開始，我們就決定只採用那些讓人人看了賞心悅目的圖畫，捨棄藝術史中充斥的強暴畫面不用。之後我們又決定，與其依照時間、文化或其他傳統架構來編纂本書，不如逐用圖像，來具體說明性愛關係的進行——從第一次目光的接觸，到性交後的無上歡愉。我們已經竭盡所能使本書兼顧到不同的文化，以及不同的性癖好，俾使每個人都滿意。不過在手法上，我們倒是偏好象徵勝於抽象，精緻勝於粗糙。

藝術史在處理藝術作品的性事方面，向來是出了名的小心翼翼，又羞人答答；再加上現今小題大做的檢查制度，使得情況更如雪上加霜。我們所希望闡明的是：這些圖像的確包涵了強烈的性愛成分，但是其中有些作品經過一代又一代不含性意味的詮釋之後，其性愛成分已經被掩飾於無形。其實本書中一些作品的主題，根本就是畫主當初委託畫家作畫時指定的，目的即在激起他們的性趣。

在以下的文章中，我的朋友負責所有藝術史部分，而作品性的內涵方面，則出自我的手筆。其結果令我們倆大為訝異，因為這些藝術作品竟然如此撩人。我懇請讀者一定要把其中一些圖象牢牢印在腦海裡，讓它們成

為你性幻想的一部分，那麼不僅你的夢會充滿了春意，即使是在清醒的時刻，你也會顯得更為性感。

　　和一位藝術史專家共事，讓我瞭解到自己對藝術的認識竟然如此貧乏，待學的東西還如此多，而且又如此刺激。等你看了本書裡的圖畫與文字之後，或許你會受到鼓舞，和你的伴侶做愛，你會體認到多樣化的性與藝術，正等待你去發掘。也許你甚至會出去為你的情人買幾本藝術的書，而不像過去一樣買幾盒巧克力了。誰知道呢？也許有些讀者甚而會因受到啟發而開始畫心愛的人——赤裸著身體。果真如此的話，可一定要告訴我。

　　我謹在此邀請讀者，和我一起體驗這嶄新的奇異之旅。

Elements of Eroticism

情慾的要素

本書中的插畫，多半是從事性活動的兩個人或更多的人。本章倒是個例外，因為圖畫中所呈現的，是情慾的一些要素——兩種身體，男人的和女人的，因為性而結合在一起，同時也包含了身體特別引人遐思的部分。

最早為人所知的藝術作品中，以被稱之為「威倫多夫的維納斯」最著名。那是一個史前時期的女人小雕像，以現代標準來看，實在稱不上什麼美女。這個維納斯既矮又胖，肚子大，胸脯也大，她也許代表了豐饒和無窮的生產力。不過，藝術很快的又有了不同的目的。比方說古希臘人就對美的概念極感興趣；起初他們用完美的男性裸體，當作美的象徵，後來則改以完美的裸體女性。希臘式的美的觀念，向來被奉為圭臬，一直到二十世紀早期，大家才認識到我們對美的欣賞，其實是摻雜了性慾於其中。我們可以從「奈杜斯之愛神」的姿勢，發現到作品本身也承認這種性感的存在；要不是她姿態如此撩人慾念，就不必那麼含蓄地遮掩自己。（希臘人想必是認為女性的陰部給人看了會叫人太過興奮，或者是就審美觀點而言，不甚令人愉快——我們也不知道孰者為真。）

撇開禁忌不談，本章包括了許多男性與女性的陰部。文藝復興時期偉大的藝術家達文西認為陰部簡直醜陋，而性行為則令人厭惡，所幸贊同他的藝術家寥寥無幾。在所有的文化當中，性都是藝術最主要的重心所在。從古到今，最優秀的藝術家都以人體作為美與感覺的工具——等你翻到下一頁的時候，你也會這麼發覺。

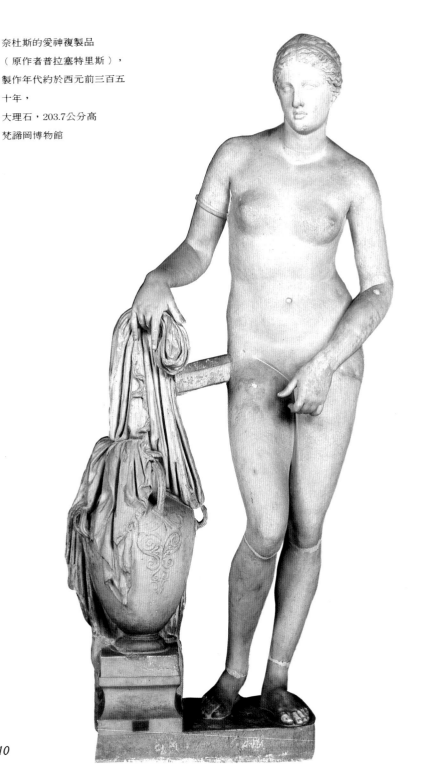

奈杜斯的愛神複製品
（原作者普拉塞特里斯），
製作年代約於西元前三百五
十年，
大理石，203.7公分高
梵諦岡博物館

羅馬人稱之爲維納斯的愛神雕像，幾乎總是身著衣裳，或是至少一部分用衣裳遮住，直到後來的希臘藝術家普拉塞特里斯，爲了考斯島上的神廟，創造出一尊裸體雕像爲止。根據羅馬的史學家普里尼所說，當地人因爲該雕像是裸體的緣故而排斥它，但是在老遠土耳其海岸的奈杜斯人，卻高高興興接納了它。它後來成爲古代雕刻作品中最著名的；信徒們紛紛來到這座陳列該雕像的神廟朝聖，而從神廟的任何方向，都可以把這尊愛神看得清清楚楚。

這尊愛神正打算依照儀式入浴，手中握著她剛剛脫去的袍子，但她臉上似乎露出訝異之色，可能是有人意外來訪，她遂莊重地遮住她的私處。當她轉移身體的重心時，抬起臀部的一側與肩膀的另一側，她所擺的姿勢，乃成爲近乎所有古典直立裸體雕像的標準姿勢。她表現出一個完美的人類，所有難看的皺紋與突出部分盡被除去，她身材的比例也十分正常。這尊愛神沒有陰毛，和普拉塞特里斯所雕的男神漢密士不同；她的陰毛部分，已經被理想化，成爲一片平滑突起的部分，跟芭比娃娃差不多。即使是對淫蕩的希臘人而言，對女性的私處，可能仍然覺得有些可恥；直到今天，這種禁忌依然和過去一樣強而有力。

這尊愛神之所以最爲聞名，乃是因爲它栩栩如生的特質。一位名叫魯紳的古代作家，就曾敍述一個青年愛上這尊雕像，並且賄賂守廟先生讓他在廟裡過夜的故事。（雕像一條大腿上的污點，據說就是那次事件的結果。）即使是在普拉塞特里斯的時代，雕塑

家的模特兒費萊恩也分享了美麗雕像的光榮。魯紳曾經如此讚歎道：「這名藝術家的藝術功力實在偉大無比，居然能讓堅硬不屈的大理石，忠實刻畫出身體的每一部位。」

普拉塞特里斯的原作已經流失，現存的五十幾座複製品中間，許多人認為梵諦岡的這一尊是最好的。

不過，在與古希臘與羅馬人所指定之女性裸體的莊重姿勢相較之下，男人的雕像則裸得十分徹底，完全不顧羞恥，其中最大剌剌的就是對森林之神的描繪——它們是充滿色慾的半人半獸，長了兩只似羊一般的耳朵，頭上有角，偶爾還加上一條尾巴。

森林之神在幫忙酒神釀酒之餘，完全沈浸於性的追逐上面。他們會抓住任何一種哺乳動物溫暖的身體——男人、女人、女神、騾子，有時候甚至是路邊冷冰冰的雕像——以滿足其性慾。但是他們一心一意的追逐，卻往往受到挫折，於是他們常常被描畫成遭其性對象推開的樣子，給人嘲笑，受人叱責，甚至讓人拉著耳朵逗著玩。

這個森林之神雕像筋疲力竭地躺著，或許是剛剛經歷了一次出奇成功的放蕩行徑。沈睡間，他不自覺地分開肌肉結實而美麗的雙腿。這尊森林之神的右腿，並不是雕像原來的腿，而是由義大利雕刻家貝尼尼修復的。相較於身體其他部分的慵懶與淫蕩，這條新腿顯得緊張而不自然，其代表的精神與原作者截然不同。

貝尼尼的森林之神
約200B.C. 大理石
215公分高
慕尼黑國家博物館

11

提香（約1490-1576）
烏爾比諾的維納斯　1538
畫布油彩　119.5×165公分
弗羅倫斯　烏菲茲美術館

「你走進烏菲茲美術館，然後一直走到全世界觀眾最多的小畫廊——講壇，而掛在那兒牆上的，毫無布幕或是樹葉遮掩的，正是全世界僅有最邪惡、最卑劣、最淫穢的圖畫——提香的維納斯，可以讓你盡看個夠。倒不是因為她赤身露體斜倚在牀上——決不是，而是她一隻胳臂與一隻手的姿態。如果我膽敢描述那姿態的話，必定會惹來一陣號叫……其實毫不引人遐思的裸女圖也有一些——這我十分清楚。我想强調的事實，就是提香的維納斯絕對不屬於此類。」

馬克吐溫於一八八○年發表上述文字時，算是分開承認這種想法的頭幾個人，其實在他之前，想必有成千個人都曾私底下這麼想過：在這幅畫多年來受尊崇的榮光與大師級畫家令人敬畏的名聲之下，卻躺著一個使人血脈賁張的身影。烏爾比諾的維納斯可能

是義大利文藝復興時代第一幅具有公然挑逗意味的裸女畫，也成了以後幾個世紀以來許多了不起的裸體畫的典範。

提香這幅畫中人的姿勢，是根據吉奧喬尼的一幅畫而來（「沈睡的維納斯」現藏於德勒斯登），這幅畫在提香擔任吉奧喬尼的學徒時，確實曾參與繪畫。吉奧喬尼的裸女在沈睡時，很端莊地遮住了陰毛部位，而提香的畫中人卻放肆地盯著看的人瞧，同時她的左手則留在原來位置。（馬克吐溫之所以看得心煩意亂，或許是因為他聯想到她正在當眾撫摸自己的緣故。）就這麼一點簡單的改變，把一個睡著的美女，變而為一個美目盼兮的美女，提香把我們從偷窺者的角色，變而為性誘惑行為中的一分子，進而大大升高了畫中所包含的色慾成分。

無論提香的畫具有多大的性吸引力，其原意可能在於比喻婚姻的歡愉。維納斯手握一束玫瑰，正象徵著她的美與愛情，而窗前經過修剪的花草裝飾，則象徵永遠的情投意合。那條狗代表忠貞，背景中的兩名女僕在整理櫃子裡的衣服，而根據傳統，這種櫃子裡放的，通常都是新娘的嫁妝。

有些藝術史專家認為當初之所以畫這幅畫，是為了紀念其第一位主人季杜巴德二世的婚姻，也就是烏爾比諾公爵夫婦的兒子，不過此說無法獲得證實。這幅畫一直收藏於烏爾比諾，直到一六三一年，才被帶到佛羅倫斯，而當時這幅畫早已藉著雕刻與複製品聞名於全歐洲的畫家之間了。

迪耶哥・委拉斯蓋茲
（1599-1660）
維納斯的梳粧　1649-51
油畫　122.4×177.2公分
倫敦　國家畫廊

盡管裸女畫在西班牙極爲少有，藝術史上仍有兩幅最著名的裸女畫係出自西班牙畫家之手。委拉斯蓋茲所畫的「維納斯的梳粧」，是爲了和一幅威尼斯人的畫作（現已遺失）掛在一起，這兩幅畫和提香的「烏爾比諾的維納斯」相當有關係。一個半世紀之後，哥雅才畫一幅「裸體的瑪哈」，掛在委拉斯蓋茲的維納斯旁邊。

委拉斯蓋茲聰明地選擇了早先威尼斯人之裸體畫的姿勢，並且將背轉過來。此舉不僅使他得以創造出繪畫史上最最美麗的背部，更使他能夠在表現高度誘人的裸體同時，也避免了陰部的問題。由於這個姿勢沒有任何冒犯到禮敎的地方，委拉斯蓋茲也就不需要把這人體理想化，使其符合禮敎的標準，因此他才能夠自由描繪出一位活生生、有鼻息的女神，和一般的凡人沒什麼不同。他故意讓模特兒把左手臂放在那個位置，爲的是強調她臀部的線條，和她纖瘦、細緻的腰部；她柔潤如桃般的肌膚，恰和躺椅上舖的黑色絲緞形成強烈對比。這位畫家安排邱比特捧著一面鏡子，好讓維納斯細細品味自己的美，然而她卻似乎是在望著我們。

這幅畫後來竟被視爲恬不知恥的男性色慾表徵，以致在二十世紀初的時候，一名婦權運動的熱心份子，怒氣沖沖地衝進博物館，用刀子一把劃破了這幅畫，以表達她的抗議。但這幅畫則已經由專家恢復舊觀了。

一八〇〇年，阿爾巴公爵夫人將委拉斯蓋茲的維納斯當作禮物，送給了西班牙權傾一時的葛杜依先生。同年一位來到葛杜依的宮殿的訪客，也記得曾經看見哥雅的裸女畫和委拉斯蓋茲的維納斯並排掛在同一個房間。

　　身為一名不折不扣的現代畫家，哥雅當然也替委拉斯蓋茲的畫加上一些現代色彩。既然有葛杜依（身為查理四世政府中握實權的領袖）保護他免於西班牙宗教法庭的責難，哥雅得以摒除委拉斯蓋茲的顧忌，也不必像他一樣，讓裸女遁入一個安全而遙遠的神話氛圍中。哥雅的女人因此並不是一個被理想化了的維納斯，而是一個毫無掩飾的現代女性，哥雅賦予她人的血肉——如陰毛，使人不斷感到詫異。（自古以來西方藝術即默默禁止陰毛的表現，哥雅這幅畫是打破此禁忌的頭幾幅。）傳統畫風中若有將兩隻胳膊放在頭後面的姿勢，即代表了睡眠，如吉奧喬尼的維納斯就是如此。不過這幅畫裡的這種姿勢，卻帶有挑逗的目的，畫中美女因而雙乳向外挺立，整個軀體展露無遺。難怪葛杜依遭西班牙放逐出境之後，哥雅也遭宗教法庭調查，原因是他是「許多淫畫」的作者。

　　哥雅在完成這幅畫之後不久，又畫了一幅身上著衣的美女，而且有證據證明這兩幅畫可以用一個機械畫框裱在一起，如此一來裸女畫就可以很方便地藏在著衣的美女圖後面。後面所說的這幅畫，如今也收藏在普拉多美術館中，但其誘人的程度並未少於那幅裸女，因為她所擺的姿勢隱含她打算寬衣解帶的意思。她身上所穿吉普賽式的衣服，表示她是個「瑪哈」——一個敗德女人的俗稱。過去曾經流傳一個吸引人的故事，說阿爾巴公爵夫人其實就是哥雅的情婦，也曾經擔任這位畫家的模特兒，此說雖然並未得到畫界人士的認同，不過大夥皆認為替畫家擺姿勢的是個活生生的女人，他也能夠把他所經歷的性亢奮感，投注於他所創作的形體上。

法蘭西斯克・哥雅
（1746-1828）
裸體的瑪哈（美女）
約1800　油畫　98×191公分
馬德里　普拉多美術館

14

為了刻意反抗洛可可時代由布雪等人所倡導的公開的性藝術，一些新古典主義畫家在查克‧路易‧大衛的領導之下，極不願意畫體態美好的裸體。但是過了不久，繼大衛之後闡釋法國繪畫的安格爾與鄂簡‧德拉克洛瓦兩位畫家，卻再一次將舞台的中心還給了女性的體態。兩位畫家都對女人充滿熱情。德拉克洛瓦畫女人帶著放肆，看來自然得有如性的本體，至於安格爾則創造出冷冰冰的性感典型，不過卻更為誘人，因為這種理想是那麼明顯的可望而不可及。

安格爾與德拉克洛瓦類似，喜歡以近東回教徒的閨房作為其性幻想的所在，因為他們可以在那裡突破歐洲的禁忌。他把吉奧喬尼與提香的維納斯一變而為世間的凡俗女子，她們波紋狀的曲線與扭曲的動作不僅具體表現了美，更成為性之律動的化身。安格爾的宮女──宮女就是一種侍妾──將頭轉過去不看觀者，反而注意起瀰漫於整幅畫面的音樂，同時展現她的身體以款待觀看的人。（安格爾的畫也在比喻人的五種知覺。）這位宮女彷彿是在這麼說著：「你可以看，但不能碰。」而且後面還站了一名太監侍衛，以確保沒有人能越雷池一步。

尚・奧居斯特・多明尼克・
安格爾（1780-1867）
宮女與奴婢　1836-40
油畫76.5×104公分
麻州劍橋哈佛大學　佛格藝
術館

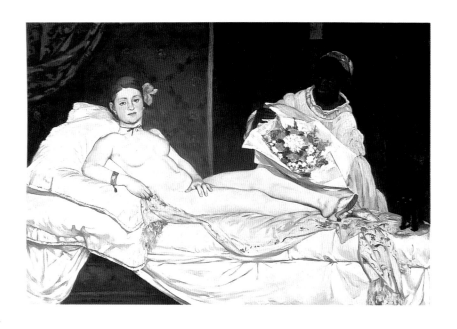

馬內著名的作品與其所有裸體畫前輩的不同點，在於他繪畫的目的，是想在巴黎沙龍畫展造成轟動，而不是為了取悅私人收藏家來購買他的畫而已。然而他於一八六三年舉行個人畫展時，所得到的反響卻令他心煩意亂，因此馬內一直等到一八六五年，才將這幅畫公諸於世。不過拖延並沒有減低批評的聲浪。這張「奧林匹亞」受到每一種可能議題的攻擊；舉凡畫的主題（妓女與上層社會人士的情婦對當代巴黎的影響），從歷代大師那兒借來的表現手法，繪畫的技巧，甚至於一模特兒的一雙短腿與小乳房，在在受到嚴厲的苛評。馬內的朋友波特萊爾在看到這幅畫之前早已久聞其名，他謎也似的寫了一句話送給他的畫家朋友：「才藝漸趨式微者，汝非第一人也。」

來到沙龍一睹這幅畫的人，立即就可認出馬內描繪的是一個妓女和她的女僕。不過奧林匹亞和過去其他畫家所畫的上流社會的名女人不同，大家都認為她看來平庸且低俗。安格爾的東方裝飾品不復存在，委拉斯蓋茲神話般的特質與提香屬於家庭的比喻也不復見。（唯一表示財富的金鐲子，其實竟屬於畫家的母親！不過我們不知道究竟是馬內把這只鐲子送給了模特兒，或者馬內與她的確是一對情人。）馬內的奧林匹亞在精神上與哥雅的瑪哈極為近似，是一幅不折不扣的當代作品，也顯現出她對其性魅力的自信。

馬內藉著暗指提香之烏爾比諾的維納斯來刺激其觀眾，同時以一種隱藏其中的含義取而代之：提香那條忠貞的狗，被馬內畫成一隻淫蕩的貓，而維納斯忙於整理衣櫃中嫁妝的家僕，則變而為捧了一束花進來房間的女僕，送花的是她最新的一位客人。最令人不安的是，我們再也看不到維納斯脈脈含情的眼神，迎接我們的反而是奧林匹亞傲慢且又咄咄逼人的目光。然而這幅不流凡俗的畫，帶有一種令人難以抗拒的美。奧林匹亞粉嫩的皮肉，襯著雪白的牀單，以及女僕深色的皮膚，襯著身上粉紅色的衣裙，顯示出馬內玩弄色彩的細緻功力，在整個藝術史上無人堪與比擬。許多後輩畫家——從塞尚、高更到畢卡索與馬蒂斯，都對奧林匹亞的魅力推崇萬分，感認她即使不是愛的聖像，全少可稱為性的偶像。

長久以來，貓就被視爲與淫蕩脫不了關係，無論用法語或英語稱呼貓（法語爲chatt，英語爲pussy），指的都是女性的陰部。因此把貓和裸女畫在一起，倒不算什麼不尋常。在馬內完成這幅畫的幾年前，曾經在奧林匹亞的牀上，放了一隻誘人的黑貓；不過裸男畫裡畫隻貓，卻是極爲罕見。十七世紀一位名叫喬凡尼・朗弗朗可的義大利畫家，就曾畫過一幅一名裸男與一隻貓的名畫，不過那幅畫充其量不過是爲諷刺了不起的裸女畫傳統而畫的遊戲之作罷了。

儘管雷諾瓦或許有意以此畫和一八五〇與六〇年代的「奧林匹亞」與居斯塔夫・庫爾貝的裸體畫互相對照，但他決沒有諷刺或嘲笑的意思。相反的，他畫這隻貓，似乎是爲了讓這名尚未到青春期的男孩顯得更有魅力。他從背部表現這個男孩，不但避開了性器官，也使得畫中人更具女性氣質；此外他也強調渾圓的臀部，又縮小肩膀的寬度，作用皆在於此。

大家以爲雷諾瓦兒子的密友查理・勒柯爾是這幅畫的模特兒。我們不知道勒柯爾家人對這幅畫作何感想，不過其淫亂的可能性想必不明顯，雷諾瓦決不敢冒險去得罪他們。

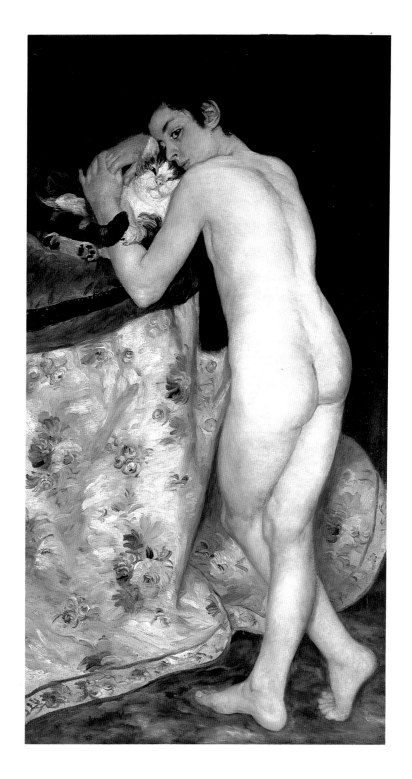

范岱林(1775-1852)
在那克蘇斯島上睡著的艾莉
愛妮　1809-14
油畫（173.9×220.9公分）
費城　賓州藝術學院

范岱林是個在法國進修的美國人。不過這幅畫的美感卻並非來自法國，而是義大利，令人不禁想起吉奧喬尼與提香兩人偉大的裸體畫。范岱林畫的倒不是沈睡的維納斯，而是希修斯的妻子艾莉愛妮，也是克里特王的女兒。半人半神的希修斯，在艾莉愛妮的幫助之下，殺死了可恨的人頭牛身怪物，使牠再也無法在克里特島上橫行霸道，硬是要把雅典的小男孩與小女孩當作犧牲的祭品吃掉，希修斯也因殺了惡魔而得到雅典人的愛戴。然而希修斯不但沒有感念妻子的大力幫忙，反而拋棄艾莉愛妮，移情別戀她的姊姊費德拉，只不過他的餘生都非常不快樂。艾莉愛妮在失意之餘，惶惑地嫁給了古代最擅長於享樂的酒神巴柯斯。可以想見的是她此後過著幸福快樂的日子。

范岱林畫的是正在休息的艾莉愛妮，渾然不知有人在注視她。范岱林是否期望看畫的我們扮演好色的酒神的角色？或者他創造出如此美麗尤物，他也情不自禁受到自己這股力量的感染？有人甚至告訴脾氣暴燥得出名的范岱林，乾脆每天喝啤酒來保持較好的心情。他一生未婚，不過卻因追逐女性而聲名狼藉。他在畫布上所創造的尤物，則是真實生活中決不可能擁有的。這名模特兒別開頭不看畫家，會不會是巧合呢？

竇加向一個朋友解釋其主題時說:「兩個世紀以前的話,我就會畫『正在洗澡的蘇珊娜』,現在我只畫澡缸裡的女人。」蘇珊娜的故事是個偷窺狂的故事,而在竇加一系列著名的浴女畫作當中,他恰如其分地採用了偷窺者的觀點。身為雙性戀的竇加一生未娶。有一回他曾說到,他所描繪的女人,就好像人們透過鑰匙孔所看到的樣子。其實看畫的我們在觀賞這幅蠟筆畫時,也應該想像自己正在鑰匙孔前面偷窺,因為這是唯一合邏輯的位置。一個女人正躺在臥房地板的一條浴巾上,一旁廉價的鍍鋅浴缸襯著所剩不多的洗澡水閃閃發光。她必然對我們的在場渾然不覺,因為她的姿態顯得毫不自覺,不過她遮住臉的樣子,令人聯想到自我防衛。單單是這個姿勢,就足以讓我們淪為闖入者了。

儘管竇加提的不多,但是這個浴女的姿勢,是他向卡巴尼爾的「維納斯的誕生」(一八六三)借去的,這幅畫為法皇拿破崙三世買去的那一刻起,立刻聲名大噪。卡巴尼爾這位妖艷的裸女,輕盈地駕起燦爛的碧波,也是抬起一隻胳膊遮住了臉,但她抬得較高,雙眼還可以從陰影下向外偷看。這幅畫與竇加的裸女形成莫大的對比。他的浴女有一個十分不完美的身體:胸脯似乎瘦小了些,臀部盡是骨頭,腹部稍微突出。除了對偷窺特別有興趣的男人之外,竇加的裸女幾乎引不起任何男人的性趣。倒是有許多女人看了竇加的畫之後,覺得他已成功地表現出她們心目中女人裸著身子獨處時的樣子。

竇加(1834-1917)
躺在地板上的浴女 約1886-1888
紙上蠟筆畫 (48×87公分)
巴黎杜爾塞博物館

21

米開蘭基羅(1475-1564)
大衛像　1501-4
大理石　高4.3公尺
翡冷翠學院美術館

繼古希臘人之後，米開蘭基羅是第一個全心全意相信美的極致即是完美的男性裸體的藝術家。他的大衛像，正是他心中理想男性的化身，有趣的是他的理想卻充滿著性的活力，這種特質倒是聖經故事中的大衛和巨人所沒有的。傳統中大家看到的大衛，不過是一個剛剛進入青春期的少年，他之所以能夠擊敗巨人，憑藉的是他的勇氣與自信，而非他在性方面的能耐。然而米開蘭基羅卻把他的大衛也雕塑成一個巨人，並且給他青年運動員般的體魄。雖然大衛別開頭去打量他的敵人，他那肌肉結實的身軀，特大號的四肢，與碩大的生殖器則正對著我們。

自古以來，如阿波羅般被理想化的體態，向來只有小小的生殖器，偌大的生殖器象徵殘暴的人或是好色的森林之神。米開蘭基羅為美麗的男人恢復了性能力。就因為這個與其他一些原因——比方說他曾寫幾首浪漫詩給一個男的朋友——大家以為他或許是個同性戀。

米開蘭基羅刻的這尊雕像，取材自一塊巨大的大理石，這塊巨石早在一百年前就已切割下來，目的就是為佛羅倫斯大教堂塑像。經過相當的討論之後，大衛像被豎立在共和政府所在地的外面，當作對任何大小國的警告，切勿對佛羅倫斯這個獨立城邦有任何非分的妄想。

卡拉瓦喬（1571-1610）

愛征服一切　1602

油畫　156×113公分

柏林

儘管學者們爲卡拉瓦喬早期畫作中穿著
華麗衣裳的男孩究竟有什麼性含義仍
然爭辯不休，大部分的作家終於接受這位畫
家是個同性戀者的事實。一六〇三年的宮廷
文件中提到他與一位聲名狼藉的年輕男子交
往，而且他早年在羅馬的一位重要顧客——
戴蒙特紅衣主教就和他一樣喜歡漂亮的男孩
。看到一些現代藝術史學家如此不願意承認
卡拉瓦喬個性中如此重要的一面，眞是令人
詫異不已，但是讀到他們拐彎抹角地否認這
名畫家躍然紙上的性感，仍然敎人忍不住吃
驚。

　　在這幅作品中，卡拉瓦喬十分恰當地採
用了米開蘭基羅雕刻作品「勝利」中邱比特
征服的姿勢。但是他如此借用卻是爲了嘲弄
，把米開蘭基羅英勇的主角，換成一個輕浮
的男孩。愛神帶著一抹侮慢的微笑，洋洋得
意於一切世俗的追逐：代表音樂的是琵琶，
詩是羽毛與書，幾何學的代表物是羅盤，天
文學是天界的球體，戰爭以盔甲代表，政府
則是王冠與寶杖，代表名聲的是桂冠。雖然
邱比特通常是以無性別的姿態出現，身上總
帶有兩隻翅膀而且總是很年輕，不過卡拉瓦
喬不但細心地勾畫出他的胸部，也沒忘記他
的生殖器與臀部。偶或有人認爲這個模特兒
，就是畫家的一個性伴侶喬凡尼，此人可能
也結交卡拉瓦喬的朋友與客戶。

浴室是個明顯的性事之地。在這兒我們往往換下衣服，或是剛剛洗淨身子，而多半狹窄的浴室，意謂著身體的接觸幾乎是無法避免。文藝復興時期，洗澡雖然和性常常牽連在一起（當時洗澡是一種難得的奢侈），現代繪畫倒不怎麼處理這個主題，或許是因為現時的浴室不甚獨特有趣的緣故。

這幅畫挺有趣的地方，在於它並沒有畫出陰部，只看見模特兒形狀美好的臀部。他彎下身子讓我們看個真切，甚而轉過來看，似乎是請我們考慮肛交的美妙之處。伸向他的是三根陰莖形狀的葉子，渴望去撫弄他的臀部。這會不會是畫家洩露出其潛在的欲望呢？畫家說不是，他不過想避免去畫模特兒的腳，因此在那兒加上一株植物。不知佛洛伊德對此回答會有什麼話說？

霍克尼從不企圖掩飾他的同性戀癖好──對他來說，這真是一種頗有勇氣的態度，尤其是在一九六○年代初期更是如此。不過令人好奇的是，他的畫很少帶有撩人性慾的意味。雖然他的畫中常有英俊的男人，但從來沒有畫過進行當中的性行為。霍克尼的畫總是冷冷的，淡淡的，有點疏遠，很可能是因為性的激情會燃燒起他竭力保持的酷吧！

大衛・霍克尼　1937年生
在比佛利山淋浴的男人
1964
畫布、壓克力顏料　167×
167公分
倫敦　泰德畫廊

布雪（1703-1770）

金髮宮女　1752

油畫　59.1×73公分

慕尼黑

布雪的畫在他在世時就已頗富盛名，因為其作品坦白承認性可以成爲高尚藝術的一項要素。（在該世紀之後不久，他的作品又遭到嚴厲的批評，說什麼它們代表了墮落的情感。）這幅畫顯然是布雪受託爲了男人的享樂而畫的。他畫的是一個艷麗肉感的年輕女子，她不是維納斯，而是一位在性方面已然成熟的現代美女。不僅如此，她的姿勢也明白表示親吻與前戲皆不必要，她已經趴著了，似乎準備性交的樣子。但是因爲她沒在看我們，不像提香的維納斯或是哥雅的瑪哈，彷彿她對性接觸打算順其自然，而她並不會採取主動。

起初我們可能會作此結論，認爲畫家藉著女人的青春，表達出他特別的癖好。比方說我們可以想想雷諾瓦畫的年紀很輕卻極性感的女孩。不過她的青春不僅反映出畫家的理想，同時也表露了法國國王的理想。大約在布雪畫這個女孩的時候，法王路易十五正和一名少女戀姦情熱。一七五三年，達金生侯爵就在他的日記中寫下這一段文字：「可以肯定的是國王現在的侍妾，是一個曾經擔任畫家布雪模特兒的十四歲小女孩。」不過青春也不僅是國王的一項性癖好，達金生還說他患有可怕的性病。（以他的淫亂看來，他理應患此惡疾。安全的性不僅是二十世紀才關心的話題！）因此他命令侍從替他尋找剛剛進入青春期的處女——今天若有人這麼做，不但不道德，而且根本犯法。布雪畫中的女孩可能確實就是法王的情婦，這幅畫很可能就是爲法王本人所畫的。

女人偶爾會為女性畫家裸露她們的胸部，但卻不肯為男畫家這麼做，而觀察其所造成的差異，真令人稱奇不已。這個美麗的女人看來驕傲但不具攻擊性；她帶著興味注視我們，卻沒有挑逗的意思；她有意露出她的胸脯，然而不帶一絲的誘惑。她既非被動，也不臣服。

瑪莉‧吉樂梅‧班諾斯特於一八○○年在沙龍展出這幅作品時，有人將其解釋為暗指一七九四年法國禁止奴隸的法令。有些人認為這名不知名的模特兒，即是畫家姊夫的一名女僕。

班諾斯特是一位相當早熟的畫家。她首先師事維傑‧勒依登夫人，後來則拜查克‧路易‧大衛為師。一八○四年以來，拿破崙開始委託她作畫，因而保證了她的成功。可是十年後，她的夫婿接受政府一個頗高的職位，社會規範（與她丈夫）要求她停止公開展覽畫作，唯恐他會因為一個有工作能力的妻子而受窘。

瑪莉‧吉樂梅‧班諾斯特
（1768-1826）
一名黑女子的肖像　1800
油畫　81×65.1公分
巴黎羅浮宮

馬內查覺到單單身體的一個部位，很可能比整個身體具有更強烈的性吸引力。與他同時的文人岡克特就曾興奮無比地寫到他最偏愛的部位：「現時女人的頸背，不管是圓墩墩的或細瘦瘦的，一綹散落的鬢髮襯著榮光煥發的肌膚，最令我心蕩神馳。我發現自己為了大飽眼福，情不自禁地跟隨女人的項背，正如其他男人尾隨一雙美腿一般。」

　　繪畫中表現女性模特兒裸露胸部的悠久傳統，就和許多其他誘人的繪畫類型一樣，乃源自於威尼斯畫家。馬內很可能曾經在馬德里的普拉多美術館看過丁多列托的「露出胸部的女人」，而這幅畫可能就是馬內這幅作品確切的前身。不過模特兒已經為藝術家裸露胸脯好幾千年，馬內卻以清新的手法記錄這件事，不但予人新發現之感，更掩飾了他對異性豐富的經驗。這名模特兒豐滿的乳房，由周圍的襯衫環繞著，彷彿就是一束讓花匠裹起來的花朵。馬內運用印象派的手法畫出這幅作品，但卻超越了印象派大師雷諾瓦。其實他的畫法實在太過燦爛炫目，使得這幅畫的性感染力擴散了少許。

馬內（1832-1883）
金髮美女　約1878年
油畫　62×51.5公分
巴黎

女性軀體（1010-80）
高棉人　深灰色沙岩（磨光
）
39.4×39.6×14.6公分
水牛城　奧布萊特—納克斯
畫廊

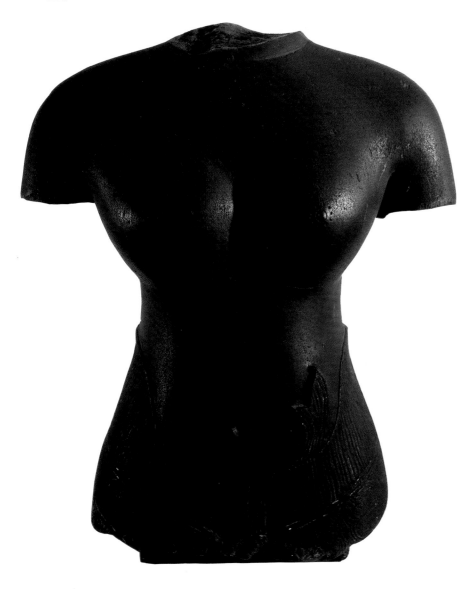

有時候僅僅是用看的，就足以令人性趣激昂，尤其是在看到一個結構完美的身軀時更是如此。圖中的雕塑，有一對堅挺的乳房，突出的乳頭，色澤調和的腹部，臀部則由緊身的衣服兜著。我們愈看這尊高棉人的軀體，就愈想用手去觸摸；而我們愈是觸摸，就愈覺得挫折，因為它是用硬梆梆的沙岩做的，而不是柔軟、溫熱的血肉之軀。

對著一個雕刻人像想入非非這種前例，可以一直追溯至古希臘的一個傳說。在塞浦路斯島上，有個名叫皮格梅連的雕刻家，竟然深深愛上了他正在雕刻的一尊女人塑像。可憐又失意的皮格梅連親吻大理石雕成的雙唇，她卻無法回應他的愛撫；他撫弄冷冷的石頭，她卻一直無法有所反應。終於愛神維納斯聽見了雕刻家的禱告，把他的雕像變成一個名叫葛拉娣的活生生的女人。當然他們從此過著幸福快樂的日子。

這尊十一世紀的高棉人身軀被打磨的十分光滑，它強調的是女人——或許是女神——身體的性感。本來這尊雕像還有頭，兩隻胳膊，兩條腿和兩隻腳。大家認為如果她像同時期保持完整無缺的雕像一樣的話，她的臉上應該帶著微笑，頭髮則是光溜溜的向後梳成一個髻。但是久經時間的磨損，這座雕像已經損壞得只剩下一個身軀。如今我們只有望著這個身體的殘餘部分，胸中仍不禁湧起一股嚮往與興奮之感。

這幅畫中的酒神不祇是向我們說話，更是在誘惑我們。他一手請我們喝一杯酒，另一手把玩著他的袍子，樣子似乎是在暗示他準備把它脫掉。大家應該記得祭酒神儀式的主角正是酒神吧！卡拉瓦喬顯然很清楚一點：若是把男孩美麗的皮膚處理得像活的一樣，必然會吸引他的主顧——戴蒙特紅衣主教細緻的情感才是，正如畫的前方那不可思議的油瓶一般幾可亂眞。

隨著拉斐爾、吉奧喬尼、提香與維洛內些所建立的裸胸半身人像傳統之後，卡拉瓦喬用個男孩來代替向來被畫成裸胸的女人，然後再以神話的色彩來包裝他，爲的是讓不同的人都能接受畫中的同性戀意象。然而卡拉瓦喬的顧客們，可能早已認出這名男孩與安弟努極爲神似，而他正是當時的羅馬皇帝哈德連深愛的男孩。

仔細的觀眾會注意到酒神的乳頭幾乎是豎起的。男人女人的乳頭在性起時都會豎起，但是這種非常自然的現象，卻會使得一些男人不安，認爲它是一樣嚇人的「女性」反應。

卡拉瓦喬(1571-1610)
年少的酒神　約1597年
油畫　94.9×85.1公分
弗羅倫斯　烏菲茲美術館

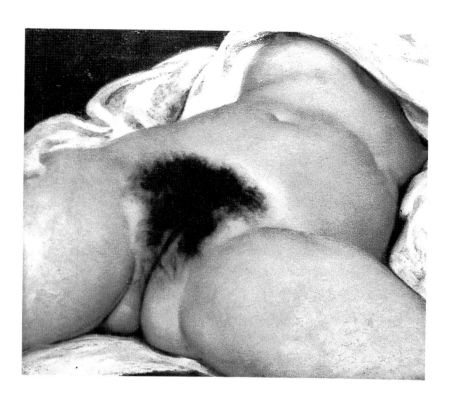

庫爾貝（1819-1877）

世界之起源　約1866年

油畫　46×55公分

私人藏品

庫爾貝此畫取名奇特卻恰當，因為他描繪的部位，確實是我們所有人從無到有的地方。但是對許多男人甚至一些女人來說，那個部位的模樣竟然陌生得出奇。藝術界反對表現女性陰部的禁忌仍然強大，因此儘管經過「花花公子」、「閣樓」以及其他類似雜誌多年的薰陶，這幅畫還是震驚各界。這幅作品最令人咋舌的是這個女體被徹底具體化。一位名叫康普的十九世紀男藝評人就對這幅畫如此冷嘲熱諷一番：「這名畫家患有不可思議的失憶症，雖然曾經多方研究他的模特兒，仍然忘了畫出她的腳，腿，大腿，腹部，臀部，胸部，雙手，胳膊，肩膀，脖子和頭部。」

當然，這幅作品是故意要激起人們的性反應（他畫她挺立的乳頭，暗指模特兒自己也正亢奮不已）。庫爾貝這幅畫是為一位住在巴黎的土耳其外交官畫的，這個有錢人名叫卡利貝。一八六〇年代末期，在卡利貝把他的財產賭光之前，曾經蒐集了龐大一批法國畫，其中包括一些著名的性愛畫，如安格爾的「土耳其浴」與庫爾貝的「睡眠」。大家咸認為即使是像卡利貝這種放蕩人，也只能藏起這幅畫，他先藏在窗簾後面，後來則藏在庫爾貝一幅雪景圖畫的後面。

巨 大的女格列佛降落在斯德哥爾摩的美
術館後，這些斯德哥爾摩人耐心地排
隊進入，扮演了現代小人國子民的角色。他
們穿過她的陰部走進去，看起來似乎就跟左
邊好奇的孩子們一樣自然，他們正透過女巨
人腹部的舷窗往裡頭瞧呢！女巨人裡面有電
影院、展覽館和餐廳：一個完整的女人。她
不像庫爾貝畫中女性的陰部，被描繪成一個
神祕的禁地，聖法爾的「她」的陰部，是不

帶威脅意味的門，通向各種的可能。

聖法爾藝術的主題向來與人類的性事有
關，而她探索的方式，則類似於歐洲以外的
藝術家，也比較為他們所偏好。她以恣意的
幽默處理生殖力、通道的儀式與神物，相較
於大多數關於人性太過認真的討論，她的幽
默表現方式倒是令人大為輕鬆。

聖法爾　1930年生
她　1963
多媒體　6.1×25公尺
斯德哥爾摩現代美術館

古代的護身符多以人的形體加上一個陰莖似的頭，馬格利特即是沿襲這個精神，但卻用女性的臉部五官來代替陰部。馬格利特許多的超現實作品，如這一幅，即將最出人意料的東西並列在一起，目的即在驚世駭俗，但不像達利、恩斯特或是畢卡索的作品，馬格利特的藝術較不那麼公然以性為關注的重點。

然而對追隨詩人安德烈‧布雷頓與喬治‧巴泰爾的超現實派藝術家來說，性仍然是其作品中的重要成分，因為他們發現具形具象地處理性，是驚駭中產階級觀眾最有效的方式。超現實主義者公然聲稱他們膜拜女人。「在超現實主義中，女人就像偉大的承諾一般被愛與被尊崇，而且即使在信守承諾之後，其應許依然存在。」安德烈‧布雷頓如此寫道。不過他們其實頂多把女人貶為男人幻想的對象，而最糟的則是將女性描繪成威脅其生命或生殖器的生物。超現實主義者多半熱中於閱讀佛洛伊德的作品。這幅畫以女人的性器官套在陰莖似的頂端，很可能是馬格利特引用佛洛伊德的一個概念：所有人類都沿襲了雙性戀因子。

馬格利特(1898-1967)

強姦　1934

油畫　73.1×54.6公分

休斯頓　曼尼爾收藏中心

彷佛一位正在冥想的印度教神祇，克里蒙特畫自己雙手合十靠在唇上，擺出一副深不可測的姿勢。聖像似的陰莖觸著他的雙手，這想必是手淫儀式的一部分，不過其氣氛較之希勒飽受痛苦的自畫像來得平靜。奇怪的是這個幻想反而激不起觀眾的性趣。它完全融於其中，直透內心深處，所以這幅性幻想圖根本沒有空間容納我們的慾望。

克里蒙特　1952年生
光　1991
紙上粉臘筆畫
51.3×33公分
紐約　葛戈辛畫廊

麥可・明・柴齊（1827-
1906）
手的素描　約1870年
紙上墨水筆畫
收藏地點不詳

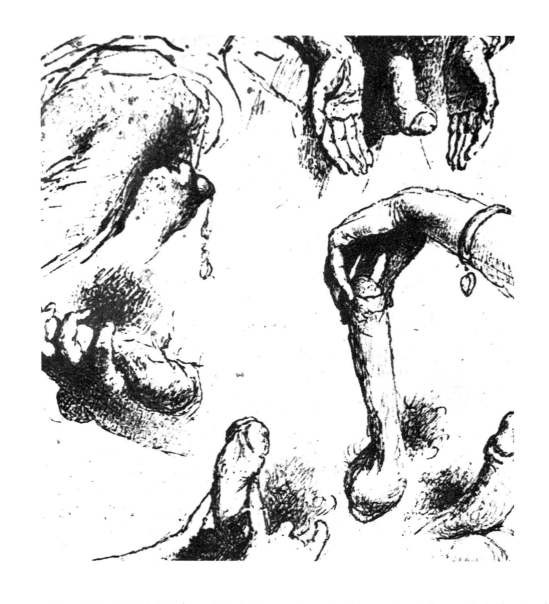

男性藝術家往往花費極大的心力來表現陰莖，因此看到有人以幽默的手法來處理這個主題，眞是令人耳目一新。畫中一個女人——從她戴的手鐲可以辨別出來——或哄騙、或戳刺、或責罰、或逗弄一根陰莖，而這根陰莖時而勉強，時而合作，但從不倨傲或是驕矜。這幅畫的作者是沙皇亞歷山大二世的宮廷畫師。在他一生中創造出一系列名爲「愛的循環」的畫片，內容爲一名藝術家從青春期的手淫，到婚姻生活的性經歷。它們也正如這幅作品一樣，雖然有色情的意圖，但卻不淫穢，也不俗麗。

助信（1671-1751）
裝飾愛人陰莖的情婦
約1720年 黑白木板印刷
約15.2×20.3公分
紐約 洛寧畫廊

唯有極具安全感的男人，才肯讓女人替他勃起的陰莖穿上一件和服，使他的性器變成一個小人兒（要是你看個仔細的話），這個裝飾性的附件將會刺激他的伴侶。每個社會的情人，都玩過這個裝飾性器的遊戲。查泰萊夫人和她的獵場看守人，就曾以花朵裝飾彼此的私處，諸如此類的方式不下千百種，目的即是讚美伴侶的性能力。這種充滿想像力的遊戲真是有趣極了，我希望這個陰莖有一櫃子行頭供其每週更換。

替陰莖取個好叫的名字，是廣為流傳的習俗，其功能在於將這個性器官擬人化，而它也為男人和他的性伴侶提供許多快樂，此外也藉著陰莖的客觀化，而幫助一些男人減輕他們對持續勃起的性能力所感覺到的焦慮不安。

另外還有一課有待學習：這兩人絕對是慢條斯理，毫不急躁，天下伴侶都應記得一切慢慢來，同時也該牢牢記住美好的性不僅發生於腰與膝之間，同時也存在於兩身之間，而豐富的想像力總會使它更加美妙。

Jichosai　活躍於1781-88年
陰莖比賽
水彩紙

自從不可考的遠古以來，男人──女人
卻是極少──即一直爲陰莖的尺寸所
困擾。其實陰莖的尺寸大小，根本不影響女
人在性方面快樂的程度，因爲即使是小小的
陰莖，也足以刺激陰蒂，讓女人達到高潮。
讓男人成爲好情人的要素並非碩大的陰莖，
而是技巧、耐心與體貼。對女人來說，若是
她心甘情願地臣服於性的歡愉，才可能達到
高潮，這要比陰莖來得重要。除非女人允許
自己去享有，否則全世界最偉大的情人也無
法帶給女人性的高潮。

但是男人仍然在作他們的大夢。日本色
情藝術一項從不改變的傳統，即是脹大的陰
莖。十八世紀一位名叫Jichosai（或Nicho-
sai）的藝術家即以一幅描繪陰莖之戰的諷
刺畫，來揶揄這個傳統。男人畢竟總是在比
較他們陰莖的大小，那麼何不以比賽來解決
這場紛爭？畫中的一名參賽者竟然有一個那
麼奇大無比的陰莖，得靠四個壯漢才拉得動
戴著它的拖車。拿著響板的男人打著前進的
拍子，而那名參賽者手中拿了一把扇子，臉
上充滿憂慮──或許是害怕他的命根子太熱
了。

有大陰莖的坐像
西元前200—西元500
墨西哥科利馬
24.1×22.9×19.1公分
洛杉磯美術館

這個小傢伙被他的大陰莖嚇得坐倒在地，同時他將兩隻胳膊向後伸，好撐住身子保持平衡。他的驚訝也夾雜了一個陰部暴露症患者的情感：「看看我，看我多行啊！」難怪大家都認為墨西哥人是很好的情人。

藝術學者們仍然無法決定在西墨西哥墳地發現的這些小雕像，究竟代表超自然的神鬼，抑或是普通的凡人。這只小雕像一直被稱作「陰莖表演者」，其實大部分的男人都認為自己是個陰莖表演者，儘管他們的尺寸不及這傢伙來得雄偉。他的職務或許比較接近一個教士或是儀式的演員，而比較不像個在台上唱獨腳戲的丑角。

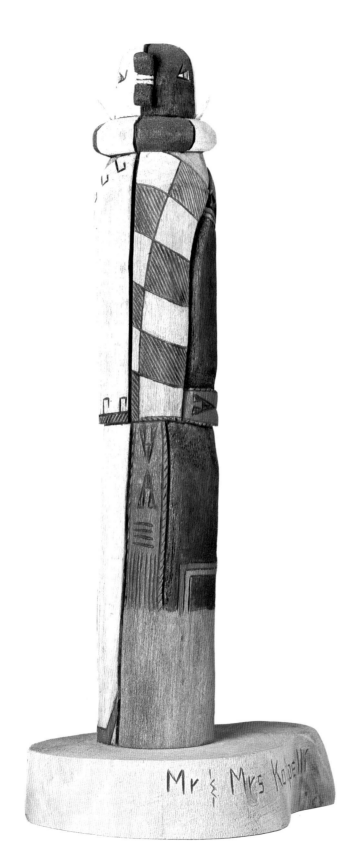

這座現代雕刻的作者，是個名叫佛萊德·柯若的傑出雕刻家。它看起來像是一個人，然而把它拆開之後，我們才發現它是由一男一女身體組成的，兩人的性器官緊密結合在一起。他們的結合可以被解釋為一種象徵，表示每個人——無論男女——都具有異性某些性愛的情感，而男女兩性的混合，才構成每個個人性的本體。最令人心滿意足的性邂逅，不僅是兩個身體暫時的結合；創造一個整體，要比片段的總和來得更為偉大。透過身體結合達到一體的慾望，絕對是人類性慾持久不衰的重要因素。

神話中駝背的吹笛人可可培利即是一個精靈，時而是個男的，時而又是女的。精靈娃娃是印地安阿皮（Hopi）族家庭中用來教導女孩——從不教男孩——其宗教中諸神之事的。可可培利尤其是有意用它來提供性教育的一種形式：女性的可可培利往往撩起她們的裙子指著她們的陰部，而男的可可培利則多半是性慾亢奮的狀態。可可培利夫婦最誠實也最令人耳目一新的，即是這位先生的陰莖尺寸正常，因此得到這個娃娃的女孩在準備結婚的同時，才能對男性身體結構有一份實際的期盼。

佛萊德・柯若
可可培利夫婦　約1988年
白楊樹根　26.6×12.7×8.9
公分

The Pleasures of Looking

視覺的享樂

我們的各種感官都能帶給我們快樂；藉著聽覺、觸覺、味覺與嗅覺，我們可以體驗情人身體的各個方面，不過視覺或許是我們最珍視的。對許多人來說，視覺啓動了性反應的第一階段。即使是迅速的一瞥，也可能帶來無比的快感——腳踝的模樣，頸背的形狀，或者僅僅是一個人款款移步的姿態，都可能將一股電流送往脊椎深處，激起銷魂的感覺。

有時候視覺的享樂變得強烈無比，單單是目光的凝視，就足以引起性的滿足感，它成了性的最終目標，而不僅僅是繾綣的前奏而已。你可以在湯瑪斯·哈特·班頓看得發呆的農夫與竇加那幅美麗動人的「傾慕」中，看到這種窺視狂的表現。相信我，無論這些畫有多麼吸引人，跟一個有反應的伴侶親熱要好玩得多了！

本章後半部的圖片和性方面的視覺比較不相干，反而在畫家與模特兒之間性愛關係上的著墨較重（本章中討論的畫家恰巧都是男性）。在這種情況之下，畫家們從看的中間享受到雙重的快樂。第一種快樂，來自於注視他們美麗的模特兒（很可能因此受到感染而激起美感，畫出更了不起的作品——如果他們能夠心不旁騖於手邊工作的話）。第二種快樂即是望著他們正在創作中的撩人圖像。

偶爾畫家也會情不自禁地藉休息的機會擁抱他的模特兒，正如安格爾所畫的拉斐爾一樣。但是他卻不看她，反而別過頭看畫中的她，因為對他而言，她畫中的影像更加動人心弦。另一方面的畢卡索倒寧可爲性而稍作休息。他是個好色的傢伙，而且沒有什麼禁忌，再說他的模特兒向來都是他當時深愛的女人。不可否認的是他恬不知恥地利用她們來成就他的藝術，不過以這種方式受他利用，也使她們自覺（至少暫時如此）更加令人嚮往，甚至因為畢卡索將她們轉化爲藝術品而變得尊貴了。

最後，藝術家與艷麗模特兒的悠久傳統，竟遭到威廉·韋格曼詼諧的嘲弄，他那曲線玲瓏的洛麗塔儘管性感，卻是一條如假包換的狗！

提香（1490-1576）
維納斯與風琴手
約1550年
油畫　148×217公分
馬德里　普拉多美術館

提香曾在五幅畫中，把斜倚的裸女與樂手配在一起，這就是其中的一幅。大多數的學者皆認為提香是想描繪當時正流行的新柏拉圖學派爭論，其爭辯的內容為究竟何者才是捕捉美之至高無上的媒介，是能夠聽到音樂的耳朵，或是能夠看見一個完美人體的眼睛？關於這個文藝復興時期之謎，似乎並沒有一個正確的答案。

　　這幅畫之所以如此與眾不同，除了畫中誘人的裸女、厚實柔軟的酒紅色天鵝絨、以及一眼望去滿是孔雀與獵物的寬廣公園之外，就是樂手目光凝視的方向。他注視的並不是維納斯可愛的臉龐，而是她的私處，使人更加明瞭「看」這檔子事是離不開性的。他望著她大腿分叉的地方，是為了激起自己的性慾，可以想見的是我們見到這位充滿興味的眼神時，也都受到感染而性趣盎然了。

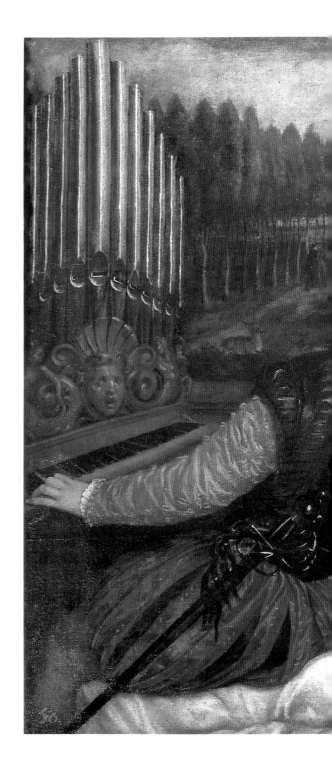

自古以來，就有畫家描畫女人——偶爾也有男人——坐著鞦韆飛越空中，但其頻繁程度從來不及十八世紀。如此刺激的活動會成為該世紀一再出現的主題，倒也不令人意外，因為十八世紀正是以追逐逸樂聞名。它給藝術家一個絕佳的機會，去創造一片壯麗的風景，畫中有穿著講究服裝的男女，還有生氣蓬勃的狗兒、鳥兒與蝴蝶等等。安端‧華鐸與尼可拉‧朗克列就畫過幾幅這樣的畫，不過最負盛名的，仍是福拉哥納爾的這幅，也是他三幅女人盪鞦韆的油畫中最著名的一幅，更是當時色情意味最明顯的作品之一。

這幅畫是受路易十五的一名朝臣聖朱利安男爵委託而作，所訂的條件也使得其色情意圖更加明確。男爵先是請一位名叫杜元的畫家畫這幅畫，但是他婉拒了，轉而推薦福拉哥納爾。杜元把男爵所要的東西說給一個朋友聽；男爵一手指著他的情婦這麼說道：「我希望你畫夫人盪著鞦韆，後面由一位主教推著。你畫我的位置，必須是可以看到這個可愛女孩的雙腿才行。」瞭解這位男爵的意思之後，杜文回答道：「啊，先生，如果要加強您這幅畫要表現的感覺，就一定要讓夫人的鞋子飛到半空中，再讓幾個邱比特去接。」

一位學者曾作此解釋，「愛情與愈升愈高的激情」，構成了這幅畫的基本概念。為了使這個概念不言而諭，福拉哥納爾把男爵與杜元兩人原來的建議加以改良。他免除了神職人員推鞦韆的尷尬，並且畫了一片茂密的小樹林來遮掩推鞦韆的人，而且此人的穿著也教人看不出其身分。畫中也沒有高來高去的邱比特來接那情婦的鞋子；福拉哥納爾反而仿畫法可內一七五七年的邱比特雕像，這座雕像是要求表白愛情時應保持沈默。而這幕表白愛情的戲劇，卻完全與性有關。這個蹲在玫瑰花叢中間的男人已脫去他的帽子；這女人粉紅的裙子被風吹得大開，一隻鞋子也給她踢掉了。我們看畫的人只能兀自想著她擺盪的高度，以及她激情的熱度。

福拉哥納爾（1732-1806）

鞦韆　1767

油畫　81×64.2公分

倫敦　華利斯藏品

查理・戴木（1883-1935）

脫俗的氣質　1930

紙上水彩畫　35.5×30.4公

分

紐約惠特尼美國藝術博物館

戴木的這幅作品，是依照羅伯・麥卡門的短篇小說命名的。這篇小說的內容是關於柏林的同性戀圈子——到了今天，這個圈子透過克里斯多福・艾許伍的故事而廣為人知，電影「酒店」就是以這些故事為基礎而拍成。從麥卡門的故事裡，我們可以認出畫的右邊那位穿著過度華麗且有藥癮的美國女人，也看到中間那位頭戴高帽、身穿燕尾服的男士，此人正是帶著一股「脫俗氣質」的同性戀花花公子，對一名英俊的士兵癡迷不已。但是戴木把行動的地點從酒吧移進了博物館，一夥人站在一幅裸女畫前面，然而進入視線的，則是康斯坦丁・布朗庫西刺眼如陰莖似的X公主。

在這幅高明的諷刺畫中，性是處處可見：在女人展露的雙乳之間，以及她用扇子遮住的雙腿之間，在兩個男人凝視布朗庫西陰莖似的雕像時輕握的雙手中，在頭戴窄邊帽那男人心不在焉地凝望水手緊繃長褲的眼光中。頭戴窄邊帽的男人，可能是戴木本人的化身，他把自己打扮成紈袴子弟的模樣。戴木機智地強調了一個事實，也是我們任何時候去拜訪博物館時都會感覺到的：藝術會激起性的衝動。

除了畢卡索以外，或許就數竇加最常以畫表現性的幽默了。在這幅畫中，她顯示出窺視的衝動是如何驅使男人陷入荒謬的情境。一個衣著整齊的恩客蹲在鐵製的浴缸旁邊，而他花錢買來的臨時情婦彷彿在浪中現身的維納斯一般從水中站起。她短小而粗壯的身體洩露了她絕對不是維納斯的事實，但那圓臉的恩客則毫不在意。他因為她與自己的幻想得到實現已經感到狂喜不已了。

竇加（1834-1917）
傾慕　1876-77
黑墨單刷版畫，以紅、黑蠟筆加強刻板　21.5×16公分
巴黎大學　藝術與考古圖書館　賈克・杜塞基金會

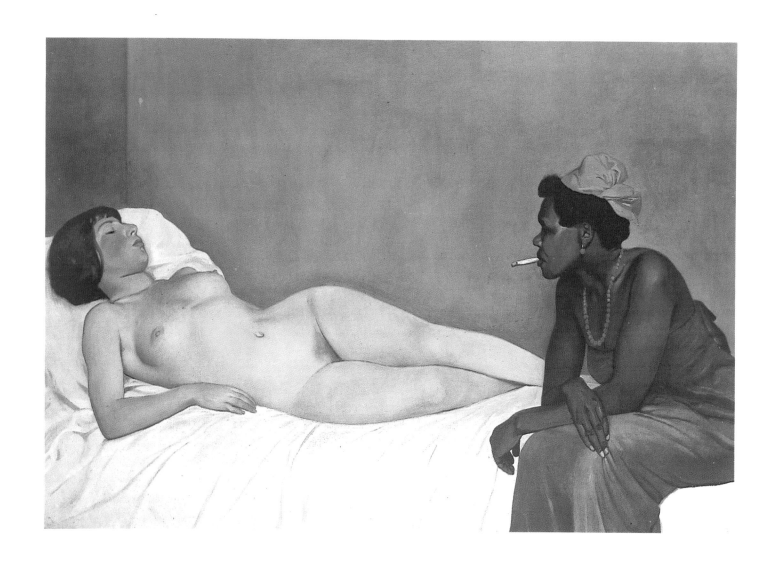

菲烈克士・華倫頓(1865-
1925)

白與黑　1913

油畫　114×147公分

私人藏品

　　這幅畫的作者是二十世紀初的畫家華倫
頓，他一手作畫，一手參與無政府主
義的政治活動。在此他以右邊的黑女人代替
老套的白種男畫家的凝視。她盯著睡著的模
特兒，眼光中不僅僅是懶的好奇而已。白女
人的睡姿，正是繼文藝復興以來一直沿用到
現在的特有的「展示裸女」姿勢，展示女人

胴體的用意即在取悅男人。那黑女人究竟在
想些什麼？畫家的注視極少會如此生動。她
是否在冷眼分析白女人的曲線？她是否在沈
思一個白人在歐洲社會所佔的優勢？或者她
念頭轉到性的上面？她如陰莖般的香煙很可
能是個重要線索，畫家將其納入畫中，是為
了指引我們思考的方向。

夕陽西下，乾草堆拉出長長的陰影，於是農夫打道回家。途中他停下腳步仔細察看一個比他任何夢境都要來得眞實有力的美景：一個美麗超凡的裸體女神在小溪旁小憩，原來她才剛剛在溪中沐浴。班頓取的畫名告訴我們一件農夫可能並不知道的事：他發現的是蓓瑟芬妮，冥府美麗的王后，冥王的妻子。

蓓瑟芬妮是農業女神蒂米特的女兒，她的父親則是蒂米特的哥哥——天神宙斯。冥王爲了把蓓瑟芬妮弄到地府和他同住，不得不使出綁架的手段。蒂米特因爲失去愛女的陪伴，變得心神渙散，連世界上農作物的生長都顧不得了。這個疏忽使得世人忍無可忍，因此宙斯出面調停，逼得冥王終於同意讓蓓瑟芬妮一年可以待在地上九個月。至於剩下的三個月，大地因爲沒有美麗的她，而成爲蕭瑟的寒冬。

班頓高明的布局，使他得以把一個世俗的、學院風格的裸女，置於他想像中的美國鄉下，而通常這樣的組合，會讓人覺得如油與水一般難以融合一氣。

湯瑪斯‧哈特‧班頓（1889-
1975）
蓓瑟芬妮（冥王之妻）
1938
蛋彩加釉　亞麻布　183×
142公分

堪薩斯市尼爾森‧艾金美術
館

杜勒（1471-1528）
隔著玻璃方格畫裸女的製圖
員　1538
木刻畫　7.5×21.5公分
華盛頓特區國會圖書館

對藝術家與建築師而言，十五世紀一件最令人激動的大事，即是建立起一套科學的、算術的透視法，這種方法使得製圖員能夠用二度空間表現他們周圍世界的三度空間。就許多方面來說，這種新的線性透視系統，跟它所取代的老式的大氣透視一樣地隨意且不自然，然而大多數的藝術家並不以爲意。新方法是在他們周圍的紛亂世界強加視覺秩序的一種方式。

　　杜勒和他同期的許多畫家一樣，對藝術的科學深深著迷。透視法、比例、美的準則、古人的藝術、與他同時代義大利藝術家的作品，以及複製的新技術，在在迷惑著他。

在這幅藝術家手冊的插畫中，杜勒就示範了如何運用格子玻璃與方格紙畫出一個困難的形體——而在這幅木刻畫中，則是被縮短得很離譜的女人身體。透過玻璃，杜勒觀察到那女人的左眼落在兩條直線的交叉點，於是他也把那隻眼睛放在面前紙上同樣的交叉位置。藉著標出許多這類同格的點，他就可以正確複製出他所觀察的東西。不過這幅插畫的刺激之處，則是期望親眼目睹如此美麗的裸女。那支方尖形的指針使人聯想到陽具，而那女人雙腿擺的位置，也讓人懷疑畫家可能看得到其私處，總括這些都強調著看與嚮往之間的關係。

畢卡索時常描繪明白而直接的強暴與性交景象，然而他也傾向於在本來天真無邪的布局中，插入性的成分，就好比這幅於一九五三年新年除夕前兩天完成的畫一樣。它的靈感來自於最近的一次經驗：他打開臥房的門，目睹他正睡著的情婦——美麗的法蘭亞娃·季洛（她自己也是一位很有天分的畫家）。

她在畫中的模樣，很像是文藝復興時期斜靠的美麗裸女。為了製造這種感覺，他畫了些家裡的小東西，如牀上方架子上擺的小孩玩具，其氣氛和提香的「烏爾比諾的維納斯」有些神似。但是這幅畫的支點，則是畫家打開房門時所拉出的陰影。有如陽具形狀的陰影，介紹了走進畫中的畫家的身分，同時也提供一個男性的對應物，和季洛身體的女性曲線互相對照。畢卡索在其藝術生涯當中，曾經描繪許多這樣看人睡覺的人，他們是畫家的替身，他們所想的，則是畫家渴望的目標。

畢卡索(1881-1973)

陰影　1953.12.29

油彩與木炭　畫布　129.5

×96.5公分

巴黎畢卡索美術館

模特兒往往是藝術家的美感；有時候她們也是藝術家的情婦，有的則成了他們的妻子。在這幅作品中，安格爾記錄了一項古老的說法：文藝復興時期的偉大畫家拉斐爾的情婦，也就是麵包師的女兒佛娜琳拉，正是他那幅著名的半身裸女畫的模特兒，畫架上擺的正是這幅。

畫家與模特兒兩人都為了情不自禁的一次擁抱而中斷了工作，不過兩人都有點漫不經心。穿著華麗的模特兒別過臉來注視看畫的人，而有著一副面容如拉斐爾筆下的耶穌一般的畫家自己，則目不轉睛地盯著他所畫的模特兒肖像。若是讓拉斐爾選擇現實中的她（他的模特兒兼情婦）與幻想中的她，他似乎寧可要幻想，其證據是性吸引力在精神上或許更甚於肉體！然而安格爾可能用意並不在於說明他對性動力學的瞭解，而是在表達他的一個重要理論：藝術才是藝術家真正的情婦。「讓我們愛藝術吧，」他如此教導他的學生：「讓我們用熱情來愛它，讓我們把自己完完全全交給它。」

畢卡索這幅蝕刻畫，或許比任何藝術史家的解釋都要高明，因為它揭露了安格爾上幅畫中一些深藏不露的信息。畢卡索脫掉畫家與模特兒兩人的衣服，因此他們在親熱時才不會礙手礙腳——在安格爾的畫中，這個兩情繾綣的活動，只是單純的暗示而已。畢卡索為了顯示他們的性器官，故意彎曲他們

的身體，並且把拉斐爾正在畫的畫布轉過來，好讓大家看清楚那幅裸女畫。模特兒正銷魂於性事之中，根本無暇像在拉斐爾畫中一樣旁顧，不過她倒是捏著一個乳房供大家觀賞，所以沒有人會覺得自己被忽略了。

為了使安格爾畫中的偷窺性質更為明顯，畢卡索畫了一名旁觀者——一個野獸似的主教——在畫中，而不是畫的外面。安格爾畫中主教的椅子是空的（拉斐爾以他畫的教皇朱利厄斯二世聞名），但是在畢卡索的畫裡，他卻大不敬地把椅子換成了夜壺，這是另一種御座，他就端坐在那兒觀看一切。

上圖

安格爾（1780-1867）
拉斐爾與佛娜琳拉
1811／12
油畫 66.3×55.6公分
劍橋哈佛大學 佛格藝術館

左圖

畢卡索（1881-1973）
拉斐爾與佛娜琳拉（取自安格爾同名畫）1968.9.4.
蝕刻畫 25×32.5公分
巴黎露薏絲畫廊

羅伯・柯斯考特 1925年生
美存在於觀者眼裡 1979畫
布 壓克力顏料 213.4×
167.6公分
奧勒岡波特蘭市 私人藏品

當代美國藝術家羅伯‧柯斯考特把自己畫成彷彿是偉大的馬諦斯的模樣，畫中的他正在畫他一幅最著名的作品——舞蹈（此畫如今收藏於聖彼德堡的一家博物館）。這幅畫的關鍵，乃在於橫躺在地板上的一張紙，上面有畫家小心寫的幾個字：「美存在於觀者眼裡。」

　　藉著這幅畫，畫家問的問題是「倘若」。倘若馬諦斯是個美國黑人——我們會如何看他的畫？我們會不會認爲它們很美？倘若馬諦斯的模特兒體態有如柯斯考特畫中的模特兒，厚腰，長腿，一頭染得嚇人的金髮——我們會認爲她們美嗎？柯斯考特把他模特兒的身材，畫成類似於馬諦斯「舞蹈」右邊的女人，是爲了強調馬諦斯那些快樂的舞者走形的身體實在並不美麗，然而他們卻美在畫家如何去處理這些形體。美的確存在於觀者眼裡，柯斯考特提醒我們不應受到強加在我們身上的審美標準所左右，無論是古典的準則或現代的廣告皆不應影響我們。

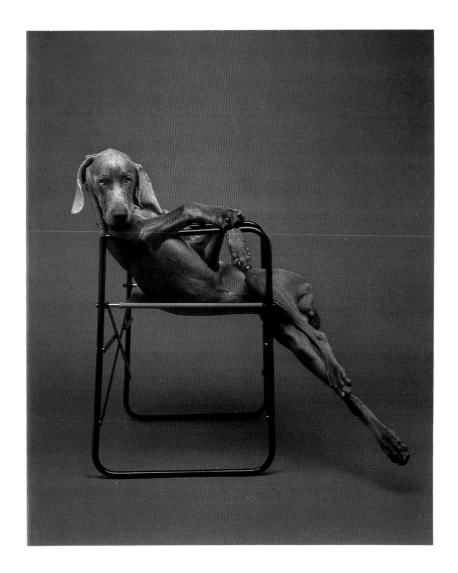

　　韋格曼是位當代藝術家。他打扮起狗家庭中的每個成員——全部都是德國灰毛獵犬——只爲把牠們拍進幽默的情境中。不用人而用動物作模特兒，使他能夠製造出令人發噱的影像，從而向一成不變的人類行爲挑戰。

　　攝影師爲這位狗美女取了納布科夫書中妙齡蛇蠍美人洛麗塔的名字；牠帶著不甚掩飾的厭煩表情望著看畫的人，牠擺出攝影棚裡線條優美的裸女姿勢，一條腿媚態十足地抬起，顯露出一種性感的端莊，而且牠露的不是一個乳房，而是八個。牠和牠的主人都知道一點：色慾泰半存于觀者之心罷了。

威廉‧韋格曼　1943年生
洛麗塔
拍立得　照片　1990年
60.9×50.8公分
私人藏品

Flirtation and
Seduction

調情與誘惑

本書中所有的圖畫，可能就屬本章中的畫與今天的我們最爲不同。這是因爲慢條斯理的求愛藝術多半都已經流失──尤其是在我們這個匆忙的都市化社會更是如此，大家總是來去匆匆。但是我們可以重新開始學習調情與誘惑，方法就是從觀看這些插畫中間學習個中眞昧。我們在這兒看到的，是情慾早期階段的幾項要素，不僅在當時賞心悅目，對未來的時刻也是極其重要的。

十幾歲的孩子看見十五世紀法國的織錦畫時，可能會嗤之以鼻，因爲畫中示愛的方式，往往是一個男人溫柔地捧著一顆心，打算獻給他想望的對象。不過這種奉獻自己的行爲，其實就是任何上流社會性接觸的第一步。華鐸與福拉哥納爾的畫使我們明白對話與創造一個遠離他人的親密空間有多麼重要──這也是爲什麼許多這類的接觸，都在公園或樹林隱密的角落發生。我們在本能上都希望能將自己抽離於日常生活的壓力與煩惱之外，這麼一來才可能製造出有助於愛情故事的氣氛。

嬉戲與驚喜被視爲第一次接觸的重要成分，百折不撓也是如此──福拉哥納爾（莎翁就更別提了）讓我們看到如果必要的話，有些戀人會利用梯子達到他們的目標。而馬內、雷諾瓦與威廉•強森也明白表示了舞蹈的重要性，因爲它屬於男女配對的一項儀式。他們的畫顯示出即使最天眞無邪的舞蹈，也會受到那股性衝力的鼓動，這也同時提醒我們，至少以老式的舞蹈來說，耳鬢廝磨的機會，很可能導致公開場合之下的親密舉動。

本章中的插畫，並非全數記錄成功的調情事件，失敗也有值得我們學習之處。比方說約瑟夫與波蒂華的寓言就告訴我們，伸手亂抓不見得能夠得到你所想要的東西。

一　位衣著體面的朝臣，走向穿戴華麗的
　　　一位少女。她一手擎著獵鷹，另一手
餵著一隻玩得開心的狗，狗象徵了貞節。這
位紳士——只有紳士負擔得起那身裝束——
以他的右手，他最重要的手，獻出他的一顆
心，左手則指向他的胸口，亦即他的心留駐
之處。

　　我們並不需要專攻性治療的博士，即可
看出這一對男女會有一個美妙的開始。她太
過端莊，根本不敢直視他的眼睛，但是藉著
與狗嬉戲中間，她向朝臣表達了她將永遠忠
貞於他的意思。他從容不迫地朝她跨步走來
，而且他以手勢正確地告訴她，他將給她他
最心愛的東西，他的心——也就是說他的情
，他的愛。那些雀躍又淫亂的兔子都保持一
段距離，因爲這兩個戀人會真心對待對方。
大家知道中世紀時期和今天一樣，男女雙方
若都抱持貞節的觀念，那可是最強有力的春
藥呢！

心的奉獻　十五世紀早期
羊毛織錦畫　208.9×257.8
公分
巴黎　國立泰爾密藝術館

林布蘭（1606-1669）
新婚夫妻（或猶太新娘）
約1665年
油畫　121.5×166.3公分
阿姆斯特丹　國立美術館

假 若要想像一個比這幅畫更純潔的擁抱
，倒是十分困難。學者們皆認為這一
對新人是真實生活中的猶太夫妻，而且林布
蘭將他們裝扮成聖經故事中的夫妻模樣，如
以撒與利百加，雅各與拉結，看起來完全沒
有受到激情左右的樣子。那男人顯然比那女
人老得多，他們的婚姻可能是考量經濟或政
治因素之下由雙方家庭安排的。不過即使當
事人的心中無關戀情，這幅畫仍然流露出一
種愛的情操。新郎猶豫卻溫柔地緊緊攬住他
的新娘，她則遲疑的用指尖觸摸他的手，並
且保護似的用另一手橫過她的腹部。他們小
心翼翼地間接注視著對方，目光下垂，顯得
莊重而有禮。他們可能正期盼著兩人的新婚
之夜，不過他或許不是一個愛冒險嘗新的情
人，而她可能一輩子都無法體驗性高潮的滋
味。他們所殷切期盼的似乎不是性，而是他
們未來的孩子以及孩子的孩子。

這 幅作樂的景象幾乎必然發生在妓院裡
：男人的荒淫態度表示他正為即將到
來的肉體逸樂而心神不定，女人所穿的衣服
，也令人一看便知她所操的行業為何。一位
受人尊重的荷蘭妻子，是不太可能戴著珍珠
耳環上牀的，因為很可能會掉在被褥間找不
到了。畫中加了一條吠著的小狗，或許是針
對貞節小小諷刺一番，因為狗向來是貞節的
象徵。
　　這一對男女的嬉戲作樂——儘管他們只

是露水鴛鴦——和林布蘭的新郎新娘那股端
莊與節制有天壤之別。顯然荷蘭公民把婚姻
想得比性嚴肅多了。

揚・史坦（1626-1679）
誘惑　約1668-72年
油畫　49×39.5公分
海牙　布雷弟司博物館

67

這座雕刻是個完美的例子,提醒我們應該永遠記得一點:永遠不嫌太遲。年紀較大的人也可以享受溫馨的男女關係。這兩位莊嚴的馬雅人想必知道老人家也需要觸摸,因為我們若想遍嘗生命中的一切可能,就應保持肉體的關係。這對夫婦是否會進行全套的性交並無所謂,重要的是他們願意從忙碌的生活中抽出空來,表達他們對另一半深切的愛意。而從他們的髮式來看,我們可以假定他們正是國王與王后。有一位學者曾說,馬雅人是一種在心態上很平衡的民族,不太需要令人銷魂的性慾。這番說辭似乎從這對標緻夫妻得體的姿態與優雅的手勢中得到了證實。

馬雅人小雕像
約第九世紀　墨西哥
陶製品　10吋高（25.6公
分）
華盛頓特區　敦巴頓橡樹研
究圖書館

約瑟是得到護衛長波提克完全信任的奴隸，但是有些自以為是。波提克的妻子討厭這年輕奴隸在家中的地位，於是決定色誘他，陷他於不義，再指控他強暴。她的計謀沒有得逞。約瑟以這句話來回答她的誘惑：「我怎能做這大惡，得罪神呢？」（出埃及記三十九章第九節）。

這個聖經故事常常被男性畫家用來描繪女人的詭計多端、貪得無厭與人盡可夫。這一幕在畫家的筆下，總是呈現一幅幾乎是滑稽的景象，一男一女在這個妻子的臥室裡激鬥，兩人都擺出誇張的演說架勢。在林布蘭的一幅蝕刻畫中，波提克的妻子（我們至今仍不知其名）絕望地伸手去抓約瑟，她的寢衣竟不意掉落，露出一個肥胖走形的人體。費諾哥利亞這幅畫卻有不同的觀點。他把妻子畫得強壯且有力，是一個陽剛味甚於陰柔氣質的蛇蠍美人。這方面的約瑟雖然盡力抗拒，但也免不了沈思一番，或是遲疑了一陣。從心理學的角度而論，費諾哥利亞的畫更有說服人的真實性。

多年來大家都以為這幅畫是亞提米西亞・簡提列斯基的作品，這位才氣縱橫的女畫家，是一位名叫歐拉吉歐・簡提列斯基的巴洛克畫家之女。亞提米西亞的畫以其戲劇化的動作與令人心生寒意的真實性而著名，她確實扭轉了世人對女性藝術應該如何的陳舊想法。不過最近這幅畫才經考據證實係出自那不勒斯人費諾哥利亞之手，而關於他的一切則鮮為人知。

巴洛・杜門尼可・費諾哥利亞　約1597-1651／53
約瑟與波提乏的妻子
1622-23
油畫　231.8×194.9公分
劍橋　哈佛大學　佛格藝術館

男人女裝、女人男裝是很好玩的。這種作法不僅限於性反常或是性倒錯的人（這類人誠心認為他們被困在一個與其真實性別不同的身體裡），它反而常常成為戀人之間的一種有趣的遊戲，兩人互相扮演對方的角色。比方說在這幅畫中，女人採取主動，勾引她的伴侶；她一手掀起伴侶的裙子，並且把她的腿擱在他的腿上，他則求她慢慢來，他可不希望受到傷害！雖然這幅石版畫的原意，是表達對男女角色顛倒的一種輕鬆態度，然而它其實也強調男女關係中能夠為設身處地為對方著想的重要性。男女雙方都必須能夠從另一個人的角度看事情，那麼還有什麼比偶爾讓女人在家裡穿長褲、男人穿裙子更好的方法呢？

奧塔夫・拉塞厄特
別殘忍！
石版畫　地點不詳

短命畫家華鐸以他的畫筆，捕捉了十八世紀早期法國貴族的出現，筆觸是那麼的溫柔與甜蜜。他發明了一種名為「風雅宴會」的繪畫類型，畫中文雅的社會人士，通常都是在理想的戶外環境中自我娛樂。當時的社會儀式變得愈來愈公開，其結果即是禮節也變得愈來愈戲劇化。那時最具影響力的戲劇是喜劇，以普通的人物貫穿──活潑積極的丑角，不苟言笑的少女，愛得發暈的小丑，大家處於滑稽的情境中，戀愛事件幾乎必然是其重點。

在這幅作品中，華鐸把這些風雅宴會中飲酒作樂的人，描繪成喜劇中的人物。圖畫右端的追求者，穿戴成丑角的模樣，他企圖用言語來引誘身旁的女人。他的身子正朝她欺過來時，她躲開了，但是她的表情卻告訴我們，她是因為他所說的話而受到冒犯，跟他做的動作比較沒關係。為了加強這種行為的意義，這幅畫在複製成雕刻品時又加了這麼一首詩：

你希望情場得意嗎？
別在意她們的芝麻小事；
愛情的要求即是快樂；
它往往拒絕一位智者，
卻讓一個丑角得到一切。

華鐸（1684-1721）
你想情場得意嗎？
約1716-18
油畫　37×24.9公分
倫敦　華利斯藏品

追求　317.8×215.5公分

巴黎近郊一座城堡的花園中新建好的亭子的牆壁。花園是十八世紀最爲大家所偏愛的幽會地點，福拉哥納爾的畫中所慶祝的愛情，想必是發生在白利伯爵夫人自己的花園裡。由於這些畫布幾乎掩蓋了亭子所有的牆面，只剩下通向花園的玻璃門是例外，來到這座亭閣的訪客，被福拉哥納爾的想像世界團團圍住，再望向玻璃門外邊的世界，就可以作一番比較。

多年來藝術學者一直爭辯的是，這四幅畫是不是一齣追求戲碼的四幕場景，果眞如此的話，大家又質疑四幅畫的正確秩序爲何。有些人則認爲是四個不同的追求事件，由四對不同的戀人演出。無論如何，福拉哥納爾的畫都可稱是豐富的諷諭，其中人物的行爲、雕像和象徵、風景的細節，甚至於光線的方向，在在促成其蘊涵的意義。

在「追求」中，一個年輕人溫柔無比地把一朵玫瑰獻給一個女孩，她被這個示愛的動作嚇了一跳，於是拔腿就跑，在跑的當中撞到了她的兩位女性同伴。左邊花瓶中的棕櫚樹也被這一股接觸的力道踫倒，而從上面的矮樹叢中，隱約可見一個噴泉，有兩個邱比特正拉著一隻游得飛快的海豚。

在「約會」中，一位身穿紅外套的情人出其不意地出現，他拿了個階梯爬上陽台。他受到女孩的斥責，然而她的姿勢卻有些模稜兩可：她要不是說「走開！」就是「小心，我們可能會被看見。」不過那雕像的姿勢倒是很清楚：維納斯克服了顫慄之後，解除了邱比特的武裝。愛情時刻尚未來到。

在「情書」中，一對多情的男女重讀一

這些追求藝術的紀念畫作是受路易十五正式情婦——白利伯爵夫人的委託而畫的，時間是一七七一年，目的是裝飾她在

約會　317.5×243.8公分

福拉哥納爾　1732-1806

愛的進行　1771-73

油畫

紐約　菲瑞克藏品

情書　317.1×216.8公分

遍他們的情書，並且在閱讀中間訂下情感的盟約。雕像代表的是邱比特求助於友誼，以達成他們的目標——愛情。正如這座雕像一樣，兩位戀人被安排於臺座上面與旁邊，一隻狗則斜坐在他們腳旁。（記得，Fido 這個名字是來自於拉丁字，意思是「我是忠心的」。）兩個臺座周圍的玫瑰都開得十分茂盛，意指這樁愛情的繁茂可期。

「戀人加冕」中的共同演奏樂曲的一對男女，此時已經擱下兩人的樂器為他們的畫像擺姿勢。男人用花環裝飾他的戀人，而她則把花編成的皇冠高高舉在他的頭上——我們猜想她是以此表示承認情人以愛之名為她所做的一切。它也可能是指白利伯爵夫人的情人——國王路易十五。大功告成的邱比特，則理所當然地享受他應得的小憩。

戀人加冕
317.8×243.2公分

這些頭戴高帽在歌劇院裡作樂的人並沒有如大家所期望的在跳舞,而是在商議男女之間的曖昧情事。雖然這個上流社會的世俗景象毫無任何色情意味,但是性仍然是個主題:橫跨在陽台上那條穿粉紅絲襪的美腿彷彿就是商標,等於向大家宣告性的俯拾皆是,唾手可得。

在馬內的時代,巴黎的歌劇院跟音樂、歌唱或是跳舞的關係,還不如跟性的關係來得深。只有富有的男人才能坐在樂團的席位,而從控制戲目當中,這些購票的大爺就能確保劇中有他們偏好的歌者與舞者。不過他們挑人選的原則則是根據其性魅力,而非其戲劇天分。這一套腐敗的制度極為公開,每當一位明星唱完一首曲子,觀眾會先為她鼓掌——隨即轉身再向觀眾中她的「贊助人」鼓掌。

馬內把每位贊助人畫得跟他一樣英俊。(有些藝術史家認為最右邊第二位男士就是馬內本人。)我們看不出那些女人是誰,也不知道戲服與面具後面的她們,究竟長得什麼模樣。她們的偽裝使男人更加肆無忌憚,也給女人更多的自由,表現得更為大膽。馬內在畫中明白表示兩性在性的交易上都是很活躍的。(畫中一個沒戴面具的女人也像男人一樣身著長褲,這可能並不是巧合而已。)不過它的確是個交易,因為在這裡得到的性,所付出的並非刺激或滿足,而是金錢。

馬內(1832-1883)

歌劇院的舞會

油畫 59×72.5公分

華盛頓特區 國立藝術畫廊

雷諾瓦惋惜社會現代化過程中所造成的變化，因此渴望回到比較簡單的過去。他這種懷舊心緒在一八八二至八三年所畫的三幅一般大小的跳舞男女油畫中，有含蓄的描繪。

在「城市之舞」（藏於巴黎杜爾塞美術館）中，一對手戴白手套的優雅男女在許多棕櫚之前僵硬地跳舞。而在我們現在所看的這幅畫「鄉間之舞」中，一對穿著體面的富裕男女情不自禁地繞著餐廳起舞。第三幅畫（藏於波士頓藝術博物館）的地點，大家都認為是住在巴黎市郊一個勞工階級的遊樂園，一對裝扮質樸的年輕人在大批喝啤酒的快樂人羣前跳舞。畫中跳舞的男女脫下了手套，因為它們只是不必要的矯飾。他們緊貼住對方的身體，而那男的似乎準備要親吻那女人。顧忌就好像滿地的花朵與香煙似的，已被拋到了九霄雲外。雖然這幅畫經過高明的設計，但是在表現跳舞的歡愉上，沒有比它更「自然」的了。

左圖
雷諾瓦（1841-1919）
鄉間之舞　1883
油畫　180×90公分
巴黎　杜爾塞美術館

右圖
威廉・H・強森（1901-1970）
捷特巴舞Ⅲ　約1939-40年
絹印版畫　44.4×27.9公分
維琴尼亞州漢普頓大學博物館

音樂與舞蹈是非常能夠鼓動人心的，這也是為什麼美國的一些小城鎮竟以法律禁止人民在公開場合跳舞。不過跳舞在紐約並不算違法，這也正是威廉・強森在「捷特巴舞第三號」中描繪的情景。

強森是位美國黑人畫家，生於南卡羅來納州。他十七歲的時候遷居紐約，一生大部分的時間均住在紐約與歐洲。哈林區的舞廳與夜總會特別令他感興趣。在「捷特巴舞第三號」中，他畫的是一對整夜狂舞的男女。一九四〇年代早期，捷特巴舞特別風行；這種高度有氧的舞蹈，必須由跳舞男女依照小心編排的舞步作跳躍、下降與旋轉動作。在強森的絹印畫中，男人似乎正要把他的舞伴放下；他在女伴的腿離開地面時撐住她的身體，她的雙手向後撒開，遮住了她的臉。雖然她的身體方而多角，姿勢卻令人極為興奮。強森細心地讓我們看見她雙腿誘人的曲線、她拱起的背和她挺立的雙峯，這些形狀和盤旋在她頭上的兩管喇叭清晰地互相呼應。

這幅絹印版畫活潑明快的風格，既反映了當代歐洲藝術的發展，也有非洲民族藝術色彩。這種活力充沛的風格與明亮的顏色，再加上活潑的主題，讓我們知道這幅畫表現的是放任自己——盡情去享受音樂的脈動，舞蹈的誘惑，舞伴，自我。

Kisses and Other Foreplay

親吻和其他前戲

我總是三番兩次強調前戲的重要性。前戲對女人尤其重要，因為激起她們的性趣，需要比較多的時間。不幸的是這點往往還是受到忽視。本章中的插畫可以當作各種前戲的指引，它們不但有趣，而且更是達到雙方真正滿足的關鍵。尤其這些畫應該可以幫助男人不那麼以目標為重，別總是心心急急自己有沒有勃起，因而更關心每次性接觸從開始到結束的品質。一次不錯的性接觸總會產生較高的性高潮。這並不是指速戰速決——或甚至一個吻，或僅僅在臉頰上輕輕的一觸——就不可能令人快樂似神仙。

深情注視伴侶的眼睛是讓雙方放慢速度重要的第一步，而且可以讓對方把注意力集中在自己身上。接下來的身體接觸則是不可避免，它可能是撫弄伴侶的性器，或只是輕輕攬著愛人的脖子與肩膀。

緊跟著就是十分重要的親吻了。這話說起來雖然難以想像，但是某些文化是不親吻的；西方文化則是以充滿性意味的親吻傳遞愛情與欲望。我們可以穿著衣服親吻，正如夏卡爾與克林姆的畫告訴我們的，也可以裸著身體親吻。我們可以站著吻，跪著吻，坐著吻，和躺著吻。

這些圖畫所要表達的是：親吻並不一定需要兩張嘴，四片嘴唇，因為臉頰、頸子、耳垂、肚臍、陰莖的底部，靠近睪丸的地方，沒有不可以吻的，在此僅僅舉出我們都具備的上百個性感部位中的幾種。（提示一下，請記住從睪丸到肛門的隆起部分，摸起來是非常敏感的。）

並非每一對情人在尺寸上都像布朗庫西那一對愛侶一樣配合得天衣無縫，因此孟克與其他畫家畫中的男人都是彎下身去屈就較矮小的女伴。（這點我挺喜歡的！）希臘神話中的大力士海克力斯與歐菲兒的個性都專橫不已，誰會想到他們竟會是絕配？但只消看看他們令人銷魂的親吻和緊緊的擁抱就夠了。他們的嘴唇密封在一塊兒，兩人渾然忘卻四周的一切。並不是所有的親吻都和他們一樣熱情奔放，但這不代表不夠刺激。卡諾瓦所

雕的邱比特輕輕愛撫塞克的胸部，使她完全迷失了自己，任其擺佈。

　　要記得，親吻不僅僅是前戲──它也應該是任何牀上性活動的一部分。因為就好像羅特列克與福拉哥納爾告訴我們的，躺在牀上的情人可以自由享受整個的身體，他們可以去觸摸與被觸摸，這一點幾乎總是比速戰速決更令人滿足。

瑪格麗特‧傑阿赫(1761-1837)
與福拉哥納爾(1732-1806)
偷吻　約1785-90
油畫　45×55公分
聖彼得堡　國立博物館

　　一個美麗的女人側過她的臉給人親，但是她卻似乎一直偏向右邊，偏離她的追求者，實在令人費解。她的身體靠向年輕男子的懷裡，但她的眼睛卻謹慎地望著反方向。

　　等我們的視線順著女孩的手一路跟隨那塊華麗的條紋披肩，落在那張椅子與女紅桌上時，才明白她在擔心什麼：透過半開的門縫，我們可以看見裡面的房間有一羣人在玩牌。這位畫家利用這個細節，邀我們大家構思一個劇情。這名年輕女郎假裝說要拿她的披肩，總算是從牌戲中脫身而出，而她眞正想的，卻是藉機和她的仰慕者私下一聚。

　　對一個富家千金或是貴族家庭（唯有這種家庭才負擔得起畫中描繪的昂貴服飾與富麗堂皇的房間）的女兒來說，想要躲開伴護或是母親無所不在的眼睛是十分困難的。本畫作者很可能是希望我們瞭解這名年輕男子是個並不合適的追求者。從他並不正式的服裝來判斷，他可能是個隨侍或是男僕，因此算是不同的階層，女孩則更有理由害怕被人發現戀情了。但是在這裡天性勝過道德規範，情感戰勝社會傳統，他們也因明知這種純潔的擁抱與親吻是受到禁止的而感到更加刺激。

　　一件一七八八年的雕刻作品上所刻的一段文字，顯示這幅畫係出自瑪格麗特‧傑阿赫與福拉哥納爾之手。瑪格麗特是位極有才氣的畫家，她正巧也是福拉哥納爾的小姨子，因為擅於處理絲緞的質感而大享盛名，並且使人追憶起十七世紀的荷蘭風俗畫。因為這幅畫的品質高超，許多學者認為它是福拉哥納爾一個人的作品。但是其中無接縫的平滑技巧並非他的典型，但卻屬於她的特色，因此我們有很重要的理由，把這幅畫算作是傑阿赫最優秀的作品之一。有些作家甚至認為福拉哥納爾所做的，可能不過是向傑阿赫提出這個主題罷了。

布隆及諾（1503-1572）
華麗的展現—維納斯、邱比
特、時間與愚行
約1540-50年
畫板　146.1×116.2公分
倫敦國家畫廊

這一吻可能是藝術史上最荒謬也最令人不寒而慄的吻了。佛羅倫斯畫家布隆及諾精心設計的這個諷諭中,他筆下的邱比特擺出奇特的姿勢,恭賀他母親維納斯在與希拉與雅典娜的選美競賽中獲勝。(即使是維納斯本人也不知道邱比特的父親是誰——天神宙斯、戰神與信使都是追逐者。)她手握她所贏得的那只金蘋果,並且以她的舌逗弄他的雙唇,他則撫玩著她水果似的乳房。

右上方的父親時間拉開窗簾,露出佛洛德(譯語:原意為騙子)的身影在左上方,我們可以從他頭上所戴極不合適的假髮認出他來。右邊年幼的愚行正要把玫瑰花瓣擲向這對幸福的戀人。陪伴著他的是享樂,她一手捧著蜂蜜,另一手卻握著毒針。愚行站的樣子,教這對戀人看不見享樂隱藏的毒針。邱比特左後方的嫉妒猛扯著頭髮,不過一對愛人仍然看不到。待會兒父親時間就會整個拉開布簾露出嫉妒,也就是愛情的後果,正如太多的享樂會造成痛苦的惡果一樣。

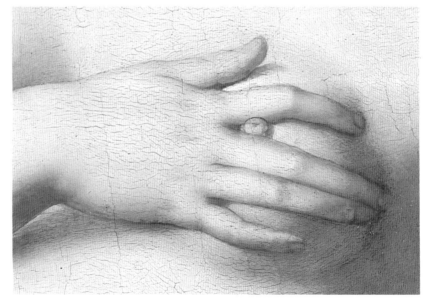

最了不起的吻，就是雙方拋開一切的壓抑與束縛，並且完完全全與對方融合為一體，既擁有對方，同時又為對方所擁有。這一刻，時間中止了，身體則沒有界線。早從人類遺留下手寫記錄以來，詩人就曾以文字描述這種特別的感覺，但描繪吻的作品卻一直沒有留存下來。布朗庫西這座極其簡單的石雕，是參考古希臘席拉底斯羣島的史前雕刻而來。在緊緊相擁的結合當中，他捕捉到的感情不但是普遍的，更是現代的。

布朗庫西（1876-1957）

吻　約1912年

石灰石　58.4公分高

費城藝術博物館

86

一九〇二年，孟克將這幅蝕刻畫的複製畫片交給一位出版商時說道：「現在你有了這張畫片，因為大家認為它不道德，所以不能展出。」可是說真的，這個充滿愛意的擁抱，究竟有什麼不道德的？因為那一男一女赤裸著身子？孟克甚至還刻意不露出他們的性器呢！一對情人在自己的臥室裡究竟應該穿什麼衣服？你倒說說看！

孟克 (1878-1944)

吻　1895

蝕刻畫　32.9×26.3公分

奧斯陸　孟克博物館

下圖

卡諾瓦（1757-1822）

邱比特與賽克相擁

大理石　155×168公分

巴黎　羅浮宮

右圖

情人　十一世紀

印度　鏽色沙岩　74公分

克利夫蘭藝術博物館

　　卡諾瓦的兩位主人翁雖然是冰涼的大理石質料，又屬於冷冷的新古典風格，然而這一吻仍然引起十九世紀的法國小說家福樓拜的熱情反響：「畫廊裡我什麼其他的都不看。我不斷回到它的前面，後來終於忍不住親吻那為愛發暈的女人的腋窩，望著她朝愛情伸出兩條長長的大理石手臂。還有那腳！那頭！那側臉！希望大家能原諒我。那還是我好久以來第一次心蕩神馳的吻。不止如此，我親吻的是美的本體。這一吻是如此真實，我情不自禁地獻出全副的熱情。」

　　雖然邱比特激發起人們心中的愛，但是燃起他心中愛情的人卻是賽克。他們總是在黑暗中碰面，邱比特不讓賽克看見他；等她看見的時候，他就不見了——使他成為畏懼與人親近的男人典型。不過在這件雕塑中，卻沒有一絲那不快樂時刻的影子——只有他在賽克胸前溫柔的愛撫，看來邱比特十分清楚如何挑起一個女人的欲望。

有時親吻僅僅是打招呼或道再見的一種方式，不過有時候卻是令人銷魂的經驗，使得正吻著的人通體舒暢，對其他的一切渾然不覺。在這件不完整的雕刻作品中，我們看見兩個情人完全為對方而癡迷。他們這一吻相當令人情緒激昂；女人拱起她的背靠著男人的身體，而他一手輕撫她的胸脯，另一手剝開遮住她身體下半部的薄紗。這一對愛人正盡情享受著對方，而且已經到了完全不需要外在世界的地步——他們彎曲的身體輪廓交纏在一起，形成一個美麗且自給自足的單位。

這件十一世紀的沙岩雕刻來自於印度最大的行省——麥迪雅普拉岱許。該地區以其眾多的寺廟著名，寺廟的正面多半以性愛場景作為裝飾。有趣的是這些極其性感的雕塑，往往和描述佛祖一生故事的作品摻雜在一起。選擇這些相愛的戀人作為宗教性的裝飾或許有些奇怪，不過大家以為這些作品完成於新石器時代，當時豐年祭是在田野間舉行的，目的是確保下一季的收成豐饒。

夏卡爾（1887-1985）

生日　1915-23

油畫　81×15.4公分

私人藏品

剛剛成爲情人的新戀人往往將他們的幸福感比喩爲飄飄欲仙的感覺。夏卡爾在這幅畫中，即把這種輕飄飄的快樂心情視覺化。他所記載的事件，是他深愛的貝拉在他生日那天意外來訪。他並沒有告訴她日期，因此一開房門見到她盛裝立於門前，手中捧著一束從城鎮郊外摘來的美麗鮮花時，他簡直欣喜若狂。他很快找到一塊畫布，然後對貝拉說：「別動——就這麼站著。」她後來則回憶道：「窗外的一片雲與一塊藍色的天空呼喚著我們。四周鮮艷的牆壁繞著我們旋轉。我們飛過滿山遍野的花朵、拉起百葉窗的房舍、屋頂、院落和敎堂。」

克林姆這幅畫亮得一如拜占廷式的鑲嵌細工，他把神仙故事的氣氛帶到這個吻中間，這一點和他同時代的畫家孟克的蝕刻畫極為類似。彷彿在一場婚禮當中，這一對戀人跪在地上，並且溫柔無比地擁住對方的身體。男人將女人的臉捧在他一雙大手中，她則摟住他的脖子，讓他的唇更加靠近她的臉頰。雖然主動親吻的是那個男人，女人卻也熱心參與，而且連腳趾頭也高興得蜷了起來。

克林姆（1862-1918）

吻　1908

油畫　180×180公分

維也納

兩名沐浴在愛河中的男女抗拒不了對方的吸引力——或者至少其中之一是這麼想的，只要看看左邊的文字就可以知道。我們墜入情網的時候，總認為自己年輕而迷人，這倒沒什麼不尋常的，而這名畫家描繪的就是一對戀心熾熱的幻想。何不像李奇登斯坦一樣給自己一隻完美的鼻子、強壯的下顎和性感的雙唇呢？他畫這幅作品的用意，是要滿足現代的一些陳腔爛調。李奇登斯坦的藝術正如他從漫畫書與廣告那兒借來的風格與意象一樣，往往和性與暴力有關。不過令人快樂的是，這兩大主題很少互相衝突——這個即將發生的熱情之吻，可是沒有一丁點兒暴力的成分！

羅伊‧李奇登斯坦
生於1923年
我們緩緩升起　1964
油畫　172.7×233公分
法蘭克福

有些男人眞是豬狗不如。而格羅斯在與女人交往方面，也是豬味十足。格羅斯屬於一羣自稱爲達達主義者的反當權派藝術家團體，他贊助一項宣言，其內容是呼籲「建立起一個達達派的性愛總部，並且立刻由它依照國際達達精神來規定所有的性愛關係」。達達派人士想要的是人人都能擁有自由的性，但卻不要兩性之間的平等。格羅斯在其工作室舉辦的一次著名的狂歡會中，大夥（當然是男人啦）決定女人應該褪去身上的衣服，男人則依然衣著整齊。也就是說男人依然保有他們的自尊，同時卻讓女人失去她們的貞操。

格羅斯在這幅畫中展現出他的機智長才，將古老神話中迷惑男人的女巫瑟西，描畫成現代柏林的一位咖啡店女郎。太陽神之女瑟西住在一座島上，手持一枝魔杖。無論任何時候，只要有人來到島上，而且通常總是男人，她只消輕觸她的魔杖，那不幸的闖入者就會被變成一頭吱吱亂叫的豬。尤利西斯的手下就這樣全部成爲瑟西魔杖下的受害者，不久他發現自己成了一羣豬玀而非一羣士兵的將領。於是他服下一種特殊的藥讓自己免於受害，最後並且娶了她。其中的寓意是：倘若我們單單依據色慾的衝動行事，就會變作一頭豬，唯有愛情才能使你得到救贖。

吉奧克•格羅斯（1893-1959）

女巫瑟西　1927

水彩、鋼筆與鉛筆畫　66×48.7公分

紐約　現代藝術博物館

左　馬莉索　1930年生
未命名　1964
水彩　紙　106.6×74.9公分
右　蠟筆　紙　100.3×68.5
公分`
樹膠水彩　紙　106.6×74.9
公分

廣告已經使得這句話成了一句陳腔爛調，不過其涵義仍然不假：伸出雙手去碰觸某人。我們從研究中知道，觸摸對新生嬰兒的發展是非常重要的。而今天的研究又再顯示老人家也可以從觸摸中獲益匪淺。也許我們應該遵循中國的太極做法，定期觸摸我們自己的身體。若想培養一次不錯的性接觸，一定要撥出時間碰觸對方，引起性趣。性起之後，當然也要這麼做；而最重要的，則是變換階段期間與高潮之後，觸摸更是不可或缺。

女人本能地知道這一點，因此對女性畫家馬莉索來說，以三張連畫描繪觸覺是很有道理的。纖纖十指到處可見。那顆腦袋上的指頭尤其有致，使人想到人腦從觸覺之刺激接收訊息的重要性。但是那些好長好長的指甲，尤其是靠近一個敏感、挺立的乳頭，實在有些令人擔心——我可不希望有人受傷！

眾所周知古希臘人所允許的性習慣與浪漫關係的種類，要比我們今天能夠接受的來得繁多。這並不表示人們享受性事的方式改變了，而是西方社會變得比較沒有包容力。比方說同性之戀，不但在希臘受到容忍，甚至得到鼓勵。成年男人理當在人生的一段期間擁有年輕的男性戀人，算是當作年輕人模仿的對象，同時也完成富有年輕人的成長教育。年輕人很珍惜自己所受到的注目以及進步的機會，況且也有圖像證明他們也熱中於這種同性之愛。雖然如此，年輕人成熟之後就會結婚生子，然後再準備教育下一代的年輕男人。

兩個不同年齡的男人的求愛景象，常常成為杯子與酒罐上的裝飾，這類器皿往往用於一種名叫「Symposia」的男性宴會當中。有些裝飾畫描繪著較年長的男人送禮物給少年郎的畫面；送兔子，雞，偶爾還有大而笨拙的鹿。此外還有一些畫的是男人性交的場面，不過肛交倒是從未出現過；通常都是較年長的男人把他的陰莖放在少年男子的大腿之間。

例外的是，我們在這幅畫裡所看見的兩名男子，卻是約莫同樣年紀，倘若我們把他們想像成身穿現代服裝的男人，這一幕就跟今天同性戀酒吧裡所看得到的景象差不多了。

有兩名戀人的紅色人像杯
約西元前500年
希臘　直徑34公分　柏林

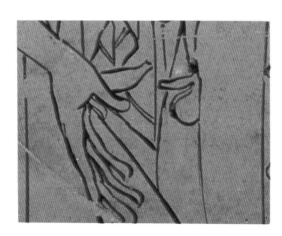

羅特列克的女同性戀繪畫作品，和男性幻想產生的搔癢刺激感較無關係，而是忠實表現出除了異性戀以外的另一種可能。這兩個女人情不自禁地相擁而吻，兩人對互相的感情一樣多，沒有人支配指揮，也沒有人委屈臣服。羅特列克許多以女同性戀為主題的作品都發生在妓院裡，他也是那兒的常客，不過有些作品他也刻意不表明地點在哪裡。這些畫是由羅特列克的一些男性朋友收藏，因此其中必然有一些使人心蕩神馳的吸引力。不過畫中所沒有顯露出來的，才使得它們更為有趣，那就是赤裸裸的性與赤裸裸的身體。我們若是以這幅畫和庫爾貝的「睡眠」相比，就看得出羅特列克對女同性戀人抱著更多的同情與憐憫。他只忠實表達出他所觀察到的她們，而不讓她們順應男性的異性戀幻想。

羅特列克（1864-1901）

吻 1893

油畫 39×58公分

巴黎 私人藏品

自古以來，陰莖不僅代表生殖力，也代表權力。而從古到今，男人就以爲女人希望膜拜他們的陰莖。等他們得知女人往往對陰莖漠不關心，或甚至有許多女人根本不喜歡口交時，自然覺得失望不已。口交決非不正常或甚至不尋常（本書中一些插畫即說明得很淸楚），但許多女人很不情願去做。想嘗試卻又遲疑的人，不妨把陰莖當成冰淇淋甜筒作爲開始。男人一定樂在其中，只要女人別洩露她心中的感覺就好──因爲男人對他們那話兒可是非常、非常的認眞！

畢爾茲利是聲名狼藉的同性戀劇作家王爾德的圈子中一位才華橫溢的插畫家。他在此畫中，將托瑪斯‧勞蘭森那幅性愛圖畫，提昇到一個更加荒誕不經的層次。這幅插畫是他爲古希臘喜劇家阿里斯多芬尼斯一部性史詩「萊西斯托大」的英文譯本所作的一系列插畫之一，但是這首史詩的內容卻太富挑逗性，以致終其一生都無法出版。在畢爾茲利多產卻短促的事業生涯中──他去世時才享年二十六歲──他使一種戲劇性且又大膽的線性風格臻於完美，這種風格頗合適於他畫中病態的性愛主題。

奧布利‧畢爾茲利(1872-1898)
萊西斯托大的插畫　1927
麻州劍橋哈佛大學圖書館
印刷與製版木刻藝術系

歌麿呂（1754-1806）
兩個情人　約1790年
彩色木刻印版　20.3×30.4
公分
紐約洛寧畫廊

乍看之下，從這幅雙頁連畫的右邊，實在看不出左邊正在做什麼，不過就一個重點來說，兩邊進行的是同樣一件事：雙方都在刺激對方的反應，只是方法不同罷了。男人激起女方性趣的方式，是輕輕按摩其陰部，女人則是在男人耳邊輕聲細語些甜蜜而無關緊要的話，激起他的欲望。看來他們將會有美好的性關係。

我花了太多時間提醒男人其實女人是很愛講話的，結果偶爾就忘了提醒女人有些男人覺得談話是非常令人心蕩神馳的。情話可能是甜蜜的鼓勵，或根本是不堪入耳的穢言穢語，不過這些言語絕對是強有力的春藥。

古希臘陶器上所畫的異性戀人通常都是成熟的男女，但是這只壺卻例外地畫了一對年輕的戀人。女人馬上要騎在男人身上，這姿勢倒是現代人常用的，但她卻停下來深深注視伴侶的眼睛。他勃起的陰莖明白顯示出他心裡在想些什麼，然而從他們渴望的表情來看，似乎愛情的成分比簡單的性來得多——至少這一刻是如此。今天有許多男女忘了，有時深情的一睹，要比身體的前戲更令人心蕩神馳。

愛情與性不同，這個觀念是希臘文化重要的一面。蘇格拉底曾說：「男女的結合是一種創意行為，其中包含了一些神聖的東西⋯⋯愛情的對象是與美的創意結合，這不僅是精神上，也是肉體上的結合。」

紅色人體酒壺
約西元前430年
希臘　24.5公分高
柏林　國家博物館

布雪（1703-1770）

海克力斯與歐菲兒

約1731-34

油畫　90×74公分

莫斯科　國立普布金博物館

激情的一吻和這熱烈的擁抱，卻使得這股性的興奮感，彷彿就像歐菲兒雪白的肌膚與海克力斯古銅色的皮膚一樣可以摸得到。

海克力斯是因為天神的不忠而出生的，因此受到善嫉的天后朱諾無情的迫害。有一回她居然奸計得逞，把他賣給了偉大的里底亞女王歐菲兒當奴隸。一年來他受盡了羞辱，被迫幹些女人的活，於是他用亞麻紗纏了一根竿子，歐菲兒則佔有他的象徵———一張獅皮。在這幅畫中，兩個邱比特把玩著這些附屬品，而兩名大人則在匆匆安排好的臥室忙著他們的大事。

我們不清楚布雪是否參考了羅馬詩人奧維德「眾神之愛」的譯本，但是這一吻卻和這位古時候的作家所描述的另一段文字極為接近：「她如象牙般的胳臂掠過我的頸子，白皙得彷彿色雷斯的白雪，她給我熱情奔放的吻，她的舌逗弄著我的，她的大腿橫過我的大腿下方，並且告訴我成百上千的甜言蜜語，又稱呼我是她的征服者。」

雖然我們在這幅畫中見到的海克力斯是一名奴隸，他仍然是古代最強壯的男人，布雪也仔細將他描繪成這樣的一個人。他坐得直直的，如此一來比較容易炫耀他的肌肉，而他這一吻，也堪和他激情之下抓住歐菲兒胸部的力量相匹配。相對之下的歐菲兒卻是如此柔軟誘人，似乎就要溶化在他的擁抱裡了。她的左腿橫過海克力斯的大腿，這姿勢在文藝復興時期的畫中表示性的圓滿完成。她的喉嚨、脖子、肩膀，都是法國繪畫中最美的。

這一幅想必是繪畫史上吻得最令人血脈賁張、心跳加速的畫了，然而弔詭的是它也是最不淫蕩、最不像春宮畫的一幅作品。布雪很是謹慎，不曾露出任何性器或是引起性慾的部位，連乳頭也看不到。但是這

The Embrace

擁抱

幾乎每一種具有強烈視覺表現傳統的文化，似乎都曾製作某種性交姿勢的專書。日本就有一種稱作枕頭書的好幾本冊子，總是放在新婚夫婦的牀褥之間，告訴他們什麼樣的樂趣正等待著他們。而在文藝復興時期的義大利，朱里歐・羅馬諾製作了一套名叫「姿勢」的版畫，畫中描繪了大約十六種不同的變化：從傳統的傳教士，到鮮為人用的手推車，這一種姿勢我建議讓給空中飛人、體操選手和芭蕾舞者用就夠了。古希臘人在酒壺與杯子上展現他們種種不同的姿勢，至於一些屬於禁忌的姿勢，則留給半人半獸的森林之神。希臘人對性愛之事知之甚詳，不論是同性之戀或異性之戀都是如此，而且他們也承認後庭歡的姿勢（我並不是指肛交，而是從後方刺入陰道），可以為雙方帶來更大的感官刺激。

古希臘人也十分強調想像的重要性——這點是我們應該學習的。這對女人尤其重要，因為想像可以幫助她們在高潮之前與高潮其間把焦點集中於自己的感覺上。例如天神朱彼特常常變換其外形，時而是一隻天鵝，時而是一朵雲，即反映出希臘人多麼瞭解幻想的重要。此說並不表示林布蘭畫中所展示的老式姿勢有什麼不對。那女人無比甜蜜的微笑，顯示在那一特別的時刻裡，她只願意和她的情人躺在那張滿是枕頭的舒服牀上，而不願到任何別的地方。

從本章的插畫中我們看到，古今中外的人類，都不斷地在重新發現每一種想像得出的姿勢，而且我對每一種都十分贊同。無論身體扭曲得多麼奇怪，多麼不尋常，絕對沒有理由容許假正經或是自我壓抑的個性，而妨礙到姿勢的多樣化。這句話雖是老生長談，卻是千眞萬確：多采多姿是人生的調味料，是持久關係的基本要件。

一個肉感十足的年輕女郎擁抱著一個英俊的年輕男子，他則以同樣的熱愛回應這一吻。這一幅十八世紀的畫終於讓我們見識到純粹的愛情，或者憤世嫉俗的人仍然會說這不過是性罷了，不過倒是未著墨於階級差異、社會風俗、政治或是男女之間的權力鬥爭。但這也並不是說畫中完全沒有透露出當時的一些想法。女人因為裸著身體，因此毫無防禦能力，只能攀附著男人，而男人身著衣裳，所以沒有暴露自己。他並沒有攀住女人，只是以男子氣的輕鬆自在扶住她。因此這幅畫的設計，完全是為了取悅福拉哥納爾的男性顧客的幻想。任何男人看見這幅畫，都能想像自己是畫中那位幸運的少年，同時又能夠看到那名少年所看不到的景象：那女人在全心全意熱情擁吻時展現的美麗背部。

　　這幅畫倒是比較沒有讓女人幻想的空間。雖然女人可以把自己投射在這個令人銷魂的女性胴體上，福拉哥納爾卻刻意模糊了這名模特兒的臉孔，因此若要把她視為一個人根本不可能。而且儘管想像自己與一位英俊的年輕男子擁吻是一件賞心樂事，但是假使福拉哥納爾能夠激起女性的想像力，把那少年即不穿衣服的樣子畫出來，那該有多好！

福拉哥納爾(1732-1806)

幸福的戀人　約1770年

油畫　49.5×60.5公分

瑞士　私人藏品

仿朱里歐‧羅馬諾的雕刻
（1492／99-1546）
姿勢，阿雷堤諾十四行詩的
插畫　1527年

我向來以為任何判斷或是風俗，若是禁止眼睛去看能夠帶給人類最大快樂的事物，就可以算是差勁的判斷，也是豬狗不如的風俗。看到男人趴在女人身上會有什麼壞處？我們就非得讓動物享有更多的自由？最後一個問題的答案是肯定的，不過它並沒有影響到義大利文藝復興時期的壞孩子皮耶特羅‧阿雷堤諾，他仍然依照雕刻師雷蒙地所雕刻的十六種不同的性交姿勢，寫出敍述得極為詳盡的十四行詩。至於雷蒙地的雕刻，則是根據朱里歐‧羅馬諾的一系列版畫而來，羅馬諾曾經擔任拉斐爾的助手。

雷蒙地的這些性愛畫片出版之後，立刻遭到囚禁，一位羅馬紅衣主教成功銷毀了所有的畫片，不過幸好還保存下十幾張。幾年之後，阿雷堤諾仍然出版了他的十四行詩，也受到輿論界的惡言謾罵。一五五○年，雷蒙地與傳記學家瓦沙里如此寫道：「我眞不知道究竟何者最驚世駭俗？是羅馬諾描繪的奇觀給人的視覺刺激，還是阿雷堤諾的文字冒犯到了世人的耳朵？」

今天我們所知羅馬諾設計的圖樣，僅僅來自經過檢查的片斷，或是其他畫家的模仿之作，以及偶或有一些存留下來未受損傷的版畫。畫中呈現的是滿身肌肉的運動員——或許代表古代的衆神——從事於活潑有力的性活動，姿勢更是繁複得令人咋舌。「姿勢」所表現的圖解式性愛景象在西方藝術算是一項異數，尤其是十九世紀以前更是如此；在熱情強度上，歐洲藝術中罕見能與日本製作的色情畫片相抗衡的作品，這些版畫即是其中之一。

一位女性主義藝術史家曾以性之旅形容高更的南太平洋歷險。這話說起來雖然稍嫌過分嚴苛，但也無可否認大溪地對高更的那股吸引力，即是當地人所享有的性自由，而且與歐洲人相較之下，他們也比較不壓抑自己。

因此令人好奇的是，高更居然畫了這幅荷花形狀的性交象徵，他筆下的一對男女，竟是採取「傳教士」姿勢。這個名字是波里尼西亞人為這種性交方式取的，因為這是歐洲傳教士唯一寬宥的姿勢。到了今天，由於它是那麼的標準，即使擅長此道也顯得不夠帥氣時髦。不過值得為它辯護的一點，是這種方式不但舒適且又實際。男人應該把身體重量放在手肘上，除非他實在很輕，而且雙方應該盡可能運用他們的雙手，以加強自己和對方的樂趣。正如一個喜歡蘇格蘭威士忌的女士所說的：「蘇格蘭人說姿勢是 mish posish 兩個字，你卻總是回到舊的姿勢。」

高更（1848-1903）
古老的馬荷力教派
約1893年
墨水筆與水彩，紙　21.7×
16.9公分
巴黎杜爾塞美術館

林布蘭（1606-1669）

法國之牀　1646

蝕刻畫　12.9×22.6公分

紐約　碼頭橋摩根圖書館

如果我們看得仔細一些，就會發現這是靠得住的傳教士姿勢的改良版，其中包括一項重大的差異：男人不是躺在女人身上，而是用跪的。這一改變使得兩人可以滿懷深情與期望地凝望著對方，因爲沒有一個人——至少女人絕對不是——即將達到高潮。在大部分的情況之下，若要女人達到高潮，她就必須集中注意力在自己的感覺上。畫中的她望著她的伴侶，而且想著他。在她接近高潮之際，她應該把他的頭拉近她的，這樣他才無法在她專心於自己即將到來的高潮時，察看她的表情變化。

這對情人正處於令人羨慕的姿勢，享受著在一起的奢侈，而且是在如此華麗的四柱牀上——不但有美麗的牀帷幔，牀墊更是又厚大蓬鬆的羽毛牀墊——兩人獨自待在寬敞的臥室裡無人打擾。讓我們一塊兒來希望他們不一會兒就會在這舒適的環境裡緊緊相擁，並且向對方輕輕訴說一些甜言蜜語。

較仔細的人會注意到林布蘭替這女人畫了三隻手臂好擁抱她的愛人——他在畫他們的姿勢時改變了主意，結果卻忘記塗掉其中一隻手。林布蘭在製作這幅蝕刻畫時大約是四十歲，而他無疑是以渴望之心回想著自己的青春歲月。這幅畫是爲自己高興而作，但是後來仍然賣給一些繪畫鑑定家，他們熱中於找出他所有的作品——包括這一幅以及另外兩幅以性愛爲主題的作品。

儘管這幅驚人的畫自從一九四七年以來即一直屬於羅浮宮，卻一直遲至一九九一年才第一次公開展出，也是該畫作者出生之後的兩百年。我們可以把這一延誤歸因於這幅畫所富含的力量，因為即使它並無繪影繪形，也沒有半點色情意味，卻是一個性味盎然的擁抱，令人觀之大感震撼。這一對戀人深陷於突然爆發的激情之中，而又如此的熾烈，在大庭廣眾之下望著這幅景象，幾乎令人有不安之感。傑利柯畫這幅作品的時候，他正與他已婚的阿姨陷入激烈但也為法不容的姦情之中。為了克服社會對這椿戀情的制裁，他們倆對互相的吸引力想必強烈如排山倒海，他們猛烈的愛情為這幅畫注入了生命。

這一對戀人生下一個孩子。傑利柯的名譽經歷這次醜聞之後並未掃地，但是他阿姨就沒這麼幸運。他們的孩子被送去與養父母同住，作母親的則住在丈夫的鄉間房子，形同放逐。她可能從此再也沒見過傑利柯一面。

帖歐多赫·傑利柯(1791-1824)
擁抱　約1817年
鉛筆、棕色墨水筆畫，樹膠水彩，藍色畫紙　13.5×21.3公分
巴黎羅浮宮

最初的男女
多岡族人（非洲）
木材、金屬　76.3公分高
紐約大都會博物館

這件雕刻作品是出自多岡族人之手。他們住在西非的懸崖上，而且他們發展出一種複雜的神話來解釋其起源。多岡族人知道他們所居住的地區，曾經為較早的部族佔領，因此他們以這種儀式用的櫈子來代表這個事實，它即象徵了創始。地球被雕成兩個圓盤——天與地——由一棵樹結合在一起。撐住天空的是四個名叫「那摩士」的人的手臂，而今所有佔據多岡土地的族人都是他們的後代。坐在他們上面的最初的一對男女則象徵多岡族人。這一對身上所裝備的東西，被視為生存最基本的要件。男人的背上有一筒箭，顯示他是一名獵人；女人抱著一個孩子，象徵她的功能在於孕育孩子與培育下一代。

正如一個國王握住權杖顯示其權威一樣，這個男人則握住他的陰莖，象徵其力量也是一種工具，多岡人有了它則子孫可期。陰莖倒不像是代表享樂（大部分的西方藝術則是如此），男人一手擁住伴侶，幾乎必然是在宣告其所有權，而不是充滿情意的愛撫。這並不意味多岡族人私底下不知道如何享受性愛，只是表示這件儀式用的雕刻作品是在陳述權威、所有權與繁殖而已。

我們隨處可見到戀人：他們手牽著手走在城市街頭，或在燈光昏暗的餐廳中進餐，兩人深情地望著對方，或是在長滿草的山丘上相擁而臥。戀人選擇鄉間田野自得其樂的想法決不是現代人才有——幾乎每個時代都有藝術家創造出描繪戀人在某種自然景觀中的藝術作品。

十七世紀的波斯小畫就屬花園中兩位戀人的主題特別流行。這幅畫中人像的裝飾性，因為散佈於整個背景的精緻花草而加強不少。兩位戀人身體的姿勢，洩露出他們看似靜止的身形其實是假的：女人的雙腿夾著伴侶的身體，右手臂並且圈住他的頭；他似乎也同樣對她深情款款。

這幅畫透露出什麼訊息呢？這個嘛，其中一個訊息可能是：偶爾跨出無趣的臥房，在花草之間親熱也滿好玩的！

戀人　約1630-40年
波斯　墨水筆，彩色，金彩
，紙　10.5×16.5公分
明尼亞波利斯藝術學會

THE WANTON FROLIC

Upon the carpet Cloe laid
Her heels tost'd higher than her head
No more her cloaths her beautys hide
But all is seen in native pride.
While Strephon kneeling smiles to see
A thing so fit for love and he
His amorous sword of pleasure draws
Blest instrument in natures cause
The panting fair one waits its touch
And thinks it not a bit too much

勞蘭森畫了許多幅淫穢的作品，主要是為了取悅放蕩敗德的攝政王子（後來他成為喬治四世）。這幅畫屬於一系列十幅蝕刻畫中的一幅，出版於一八一〇年。勞蘭森在畫中很諷刺地記錄了各式各樣可能導向性交的社交活動——騎馬、乘馬車，以及我們在這圖中看到的，一堂音樂課。在當時風行的想像當中，音樂老師向來都是年輕英俊的男子，而有志成為音樂家的則必然是年輕貌美的女郎。勞蘭森且提供一首應景詩，來加強觀察者的經驗：

放蕩的嬉戲
克露伊倒在地毯上
雙腳抬得比頭還高
她再也沒有衣裳遮住他的美
他自豪地看到了她的一切
這時史提芬微笑著跪下
因為他看見一樣值得他愛的東西
而他伸出了他充滿愛意的幸福之劍
這福氣的工具應天性而生
那喘息不止的美麗人兒渴望它的觸摸
而且完全不嫌飽足。

勞蘭森也提出一篇偽造的社論：「我們反對——強烈反對——那位紳士握在手中的那支形狀荒謬，又尖又細的東西。它看起來像個紅蘿蔔，完全不像真正的玩意兒。它燒得夠亮，但其形狀卻荒誕而不真實——任何熱中於此道的人都知道。」

托瑪斯・勞蘭森（1756-
1827）

放蕩的嬉戲　1812年後

蝕刻畫　16.6×10.4公分

地點不詳

紅色人像杯　約西元前474-
50年
義大利塔其尼亞國立博物館

從背景概略的細節看來，這個性愛畫面發生的地點應該是在室外。顯然古希臘人極有概念，他們認識到總是在一天同樣的時間、地點與同樣的姿勢行周公之禮，是一件極為乏味的事！

這位面帶微笑的情人不但沒有強行從後面進入伴侶的身體，反而輕輕抓住女伴的背，一來是穩住自己，一來則是把她拉近些。如果他是個體貼的情人，在自己射精之後，就會把她轉過來用舌或唇刺激她的生殖器，或是用手指輕撫她的陰唇，將她也帶入高潮。

考克都是一位極有才華的作家、製圖家、劇作家與電影工作者，他所擁有的地位，和王爾德受審與殞落之前十分類似。雖然考克都從來不如王爾德一般有名氣，卻和他一樣聰明，但是其作品可能在訓練上略遜一籌，不過兩人都是派頭十足的同性戀者。王爾德總是保持一個局外人與社會批評家的地位，而考克都卻絕望地尋求迫害同性戀的社會給他支持與承認。因此之故，考克都不肯在「白色的書」上寫他的名字。他在這本書中記錄他的成長以及發現自己性癖好的經過。早從他的高中教室——據他說教室裡瀰漫著瓦斯燈、粉筆與精子的臭味兒——一直到馬賽的土耳其浴室，他就是在那兒開始喜歡水手的。書中充滿了年少時期笨手笨腳的滑稽小插曲，和一些遭人拒絕與自我輕視的傷心事件。

"SANTO · SOSPIR"
St JEAN CAP-FERRAT
251-28

強・考克都 白色的書練習作
第二版 1928 彩色鉛筆、石墨、紙 29.9×20.8公分
加州西弗林博物館

這幅畫說來可能是典型的義大利文藝復興時期藝術，因為畫中描繪的是古神話中最奇特的一對，但這一對卻也啓發魯本斯畫出這一時期最引人遐思的作品之一。天神朱彼特總是爲愛情歷險尋找新的僞裝，這一回他爲了與斯巴德國王的妻子莉達親熱，把自己變成了天鵝。她懷孕後生下兩只蛋。一只蛋孵出了卡斯特與克萊頓內斯托，另一只孵出的是普樂士與特洛伊城的海倫。

幾個世紀以來，畫家一直想盡辦法描繪天鵝與一名凡間女人的結合。有時候那隻天鵝只是近近地站在一邊，同時間朱特與莉達繾綣，不過在大部分的布局中，畫家多利用天鵝頸子陰莖似的外形，只爲了製造更爲色情的意境。米開蘭基羅爲阿方索一世所畫的一幅朱彼特與莉達的蛋彩畫，則是其中最驚心動魄的極品。它被送到楓丹白露的法國宮廷，結果就在那兒不見了蹤影，幸好雕刻師早已把握機會複製了那幅畫。魯本斯就是根據那版畫而畫的。年輕的魯本斯可能是在從法蘭德斯到達義大利之前或是之後不久，就畫了好幾幅模仿著名義大利畫家的作品，這即是其中的一幅。

這幅畫與其說是毫無創意的複製品，毋寧說是將米開蘭基羅的原畫重新詮釋之作。原畫中頗有英雄氣概的裸女，簡直像個現代女舉重選手，魯本斯筆下的莉達，則是個脫俗且誘人的裸女，姿態慵懶感性，有別於米開蘭基羅的肌肉糾結，身體又繃得死緊。不過魯本斯畫的天鵝確實正在進行性交，倒是十分忠於原畫的精神。他尾部的羽毛擠向上方，同時他熱情的用喙啄著她的雙唇，她親切的讓天鵝靠在她的兩腿中間，並且將嘴向著天鵝的喙部。

魯本斯（1577-1640）
莉達與天鵝　約1600-1601年
油畫　64.5×80.2公分
約紐私人藏品

在 這幅可以當作香水廣告畫的作品當中，一個美麗的女人暈陶陶地倒在——一朵雲的懷抱中。她緊緊抱住橫在她左臂下面的霧茫茫的東西，另一手似乎握著一隻手。但是她別開臉，閉上眼睛，不去看她這位短暫愛人的臉，她還抬起右腿，蜷起了腳趾頭，真是繪畫史上最令人銷魂的甜蜜高潮。

本畫的作者是文藝復興時期的畫家科雷吉歐，他在人體的感性與迷人程度上，可以與提香相抗衡。這幅畫屬於一套四幅描繪朱彼特之戀情的作品，委託作畫的人可能是佛雷利哥‧岡薩加，目的則是當作禮物獻給神聖羅馬帝國的皇帝查理五世。為了勾引艾歐，向來喜歡調戲女子的朱彼特，將自己變成一朵雲。但是朱彼特的妻子朱諾仍然識破了他的偽裝，把他抓個正著，並且堅持要讓艾歐變成一頭牛。對我們在畫中所看到與想像得到的性感邂逅而言，這個結局著實不怎麼光采。

科雷吉歐（1489／94-1534）
朱彼特與艾歐
油畫　162×73.5公分
維也納　藝術歷史博物館

這幅素描絕對沒有半點引人想入非非的地方——不僅對我們是如此，對達文西亦然。他大約在畫完此畫之後十五年曾說過這一番話：「性交這回事和與性交有關的身體部位簡直令人厭惡，要不是有美麗的臉孔、演員的裝飾與人們如癡如狂的心態，大自然將會喪失人類。」（好悲哀，達文西竟

然無法體會性愛之美。）他畫這幅作品最主要的意思，在於圖示當時的一種想法：那時候的人以為精液是由來自脊椎、睪丸的液體與膀胱的尿液組合而成。他們也以為靈魂是經由脊髓液傳到了胚胎裡，至於人類的動物屬性，則來自睪丸的液體。

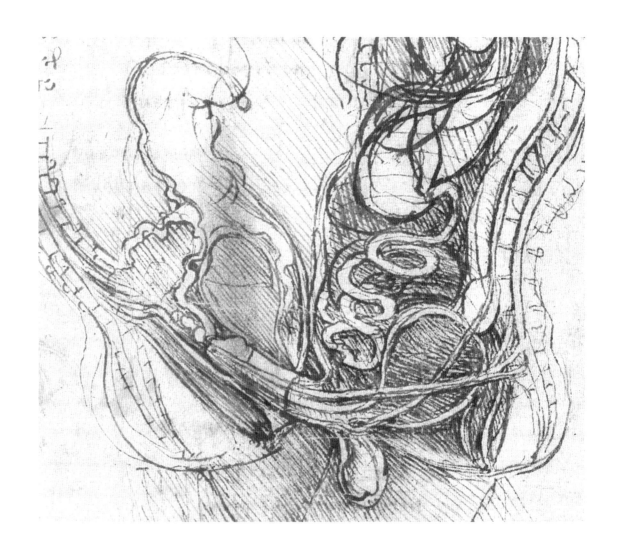

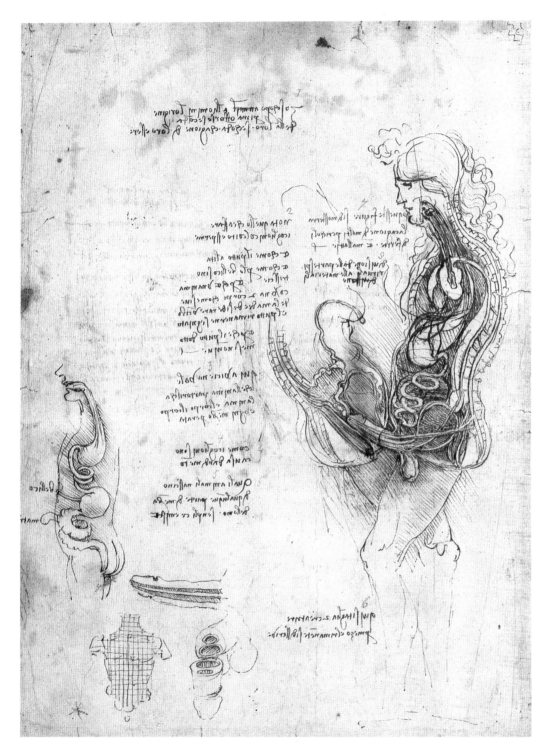

達文西
一對性交男女的橫切面圖
約1492-94年
深棕色墨水筆、紙　27.6×
20.4公分
依莉莎白二世溫莎堡皇家圖
書館

125

印度肯達里亞—瑪拉的娃廟
與維斯凡納沙廟
10-11世紀　沙岩

上圖
北面　肯達里亞—瑪拉的娃
　　　廟
左圖
維斯凡納沙廟北面

有些學者認為印度寺廟建築所展示的性活動，是Tantric這支佛教宗派的一面，這種信仰中的性行為，乃是獻給神明的五大供禮之一。隨著社會的演進，一度在魔術似典禮中發生的性的儀式，為寺廟正面與內部以性行為為主的雕刻所取代。後來這些寺廟的雕刻又漸漸被視為一種密碼似的東西，代表崇高的存在狀態，超越了色情與肉體的範疇。

無論其所隱含的象徵有多麼深奧，我們實在很難相信雕刻中的那些人並不樂在其中。而且我們特別要為那位表演特技似的男人鼓掌，他與騎著他的女人欲仙欲死之際，並沒有忘記取悅旁邊兩個幫忙撐住的女人。要

上圖
肯達里亞─瑪拉的娃廟北面

左圖
維斯凡納沙廟北面

是你看個仔細的話，你就會發現他的雙手並
不是用來穩住自己的身體，而是在輕撫那兩
個女人的陰部。這三個女人不但沒有嫉妒的
意思，反而露出溫暖與支持的表情。不過這
已經是九百年前的事了，此時此際若要複製
如此成功的四人行，恐怕十分困難（也相當
不明智）。

羅特列克（1864-1901）

牀上　1894　油畫、

木板　52×67.3公分

法國　羅特列克博物館

這是羅特列克以妓院爲背景的作品中罕有的一幅，因爲畫中表現的是正在進行中的性愛行爲。我們可以看到一個人的頭與胳臂，她可能也是一名妓女，正在用口舌舐著若蘭的陰部。若蘭是羅特列克最偏愛的模特兒，我們可以從她鼻子與衆不同的形狀與頭髮的顏色認出她來，而從她緊靠著牀上的枕頭看來，她的鼻子與頭髮清晰可見。這幅畫顯然是爲了吸引妓院的男性恩客與愛畫的顧客，它畫出了客人很少親眼目睹，但卻

又不時去幻想的場面。

　　儘管大部分的男人喜歡伴侶對他們進行口交，但許多人並不像畫中的女人一樣那麼喜歡用口舌去刺激對方的性器。有些人不喜歡其氣味與滋味，有些人則認爲如瓊漿玉液。不同的女人喜歡愛人用舌與唇以不同的方式、速度和重量，來刺激她們的陰唇。女人的伴侶如何知道她要的是什麼呢？唯一的辦法就是她開口要求。

自古以來就有供女人手淫用的人造陰莖，其發明顯然是為了滿足需要。許多女人發現把某種東西——無論是真的陰莖或是人造的代替品——插入陰道，可以得到性的刺激；有些人則覺得人造陰莖特別好用，因為沒有礙手礙腳的男人依附在旁。

看來這兩位女同性戀者壓根不需要男人就可以得到性的滿足，不過她們可能來自東京青樓的娼妓，為了錢而與男人發生性關係。正如羅特列克畫的妓院女子一樣，她們從同事間得到性的享樂，並且從賺錢的辛勞中喘一口氣。根據提奧多‧鮑伊的說法，背景的文字表示左邊的女人對她的伴侶慢吞吞的動作很不耐煩，因為她還沒有把兩粒杏仁似的東西插入——它不是潤滑劑，就是刺激物。

以今天西方反同性戀的偏見態度來看，榮生這幅畫對女同性戀者完全沒有硬加上恥辱的標記，的確十分有意思。他以同情的筆觸描繪兩人的接觸，多年來他也一再重複許多其他的作品。不過這幅畫倒不是為了陳述真相，或是給女同性戀者的一項禮物，只是一幅待價而沽的色情畫罷了，買者當然是男人！

榮生
兩名女同性戀者
彩色木板塊　36×25公分
倫敦　大英博物館

131

在古代的羅馬與龐貝城,最時髦的臥室
裝飾品,就是壁畫,描繪著大家認為
會在臥室裡發生的活動。有趣的是在許多這
類男女歡愛的壁畫中,女人總是在上方。這
個姿勢有許多好處:女人可以控制她希望進
入身體的陰莖的長度,而且她的陰蒂露出,
因此她可以靠自己或伴侶去刺激它,再說她
不必承受男人全部的體重。男人可以舒服地
靠著枕頭,不必像其他姿勢一樣努力以赴。
最重要的,是雙方在極度興奮的狀態之下,
都有機會看到對方的全身。(倘若這幅壁畫
保存的情況更好的話,我們可能會發現那男
人的乳頭是挺立的。)

羅馬壁畫　第一世紀
龐貝
康坦那里歐博物館

杜布菲這幅插畫在各方面都刻意模仿兒童的繪畫風格。勃起的陰莖漸漸接近陰道，而經過簡化的人體構造也是有意營造出一派純真與滑稽得令人絕倒的感覺。但是這幅作品仍有一絲大人的世故，那就是他們倆的手可真忙啊！觸摸的重要性再怎麼強調也不嫌過分，因為它可以使得性事令人徹底滿意，而杜布菲卻在不自覺中洩露了自己在性愛方面的技巧。

這幅畫是杜布菲自創的一本語音語言書中的一幅插圖。書中說的故事是關於一個淫蕩的女人，她一點不在意傳統的道德規範，任何對她有欲望的人，她都與他發生關係。書中稚氣的話語與用來述說這性味十足的故事的圖像，使人想起許多戀人喜歡用小孩說話的口吻，來區分人生的嚴肅與性接觸的趣味，這些童稚的話語與圖畫也促使我們與我們的伴侶一同回到毫無拘束的童年時光。

杜布菲　1950 年
仿墨水畫的石版畫複製品
（28.1×22 公分）
紐約現代藝術美術館

小倆口
阿列提諾之法文版插畫
1787
康州紐哈芬　耶魯大學圖書
館

十八世紀末，阿列提諾那本聲名狼藉的書有了法文版。這幅描繪家庭幸福的作品還附帶了以下這首淫詩：

睡吧，我的兒，閉上你的眼睛
就像那首歌所說的。
而你，而你，迷人的母親，
瞧我那話兒是如何喚醒你
這真是最令人愉快的運動
規則的動作，唉，你真是甜！
我們是個中高手，我搖擺著
我們兩個，我擺，你動。

　　隨著嬰兒潮一代逐漸成熟並且衍生下一代之際，或者許多人會強調要想找個時間與伴侶單獨相處，或是享受性的快樂，已經變得困難重重。我們在這幅畫中所看到的解決辦法最好是揚棄不用，因為我們比較偏好真正的兩人隱密世界，如此比較不會遭人打擾或是被人看光了。

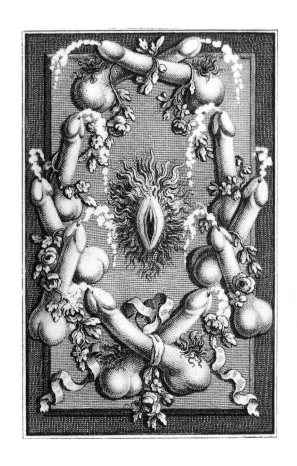

阿列提諾法文版之卷頭插畫
1787

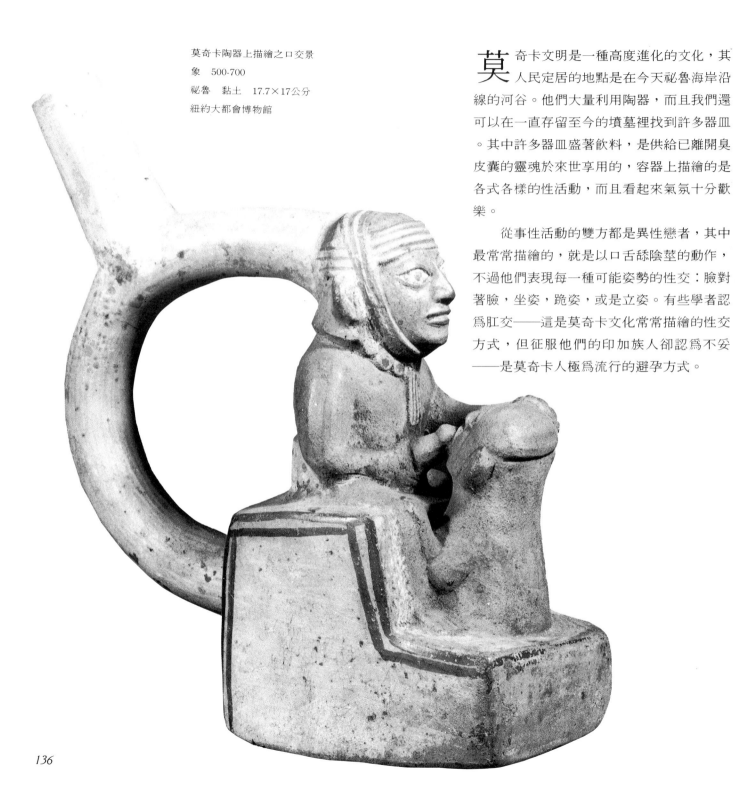

莫奇卡陶器上描繪之口交景
象　500-700
祕魯　黏土　17.7×17公分
紐約大都會博物館

莫奇卡文明是一種高度進化的文化，其
人民定居的地點是在今天祕魯海岸沿
線的河谷。他們大量利用陶器，而且我們還
可以在一直存留至今的墳墓裡找到許多器皿
。其中許多器皿盛著飲料，是供給已離開臭
皮囊的靈魂於來世享用的，容器上描繪的是
各式各樣的性活動，而且看起來氣氛十分歡
樂。

　　從事性活動的雙方都是異性戀者，其中
最常常描繪的，就是以口舌舔陰莖的動作，
不過他們表現每一種可能姿勢的性交：臉對
著臉，坐姿，跪姿，或是立姿。有些學者認
為肛交——這是莫奇卡文化常常描繪的性交
方式，但征服他們的印加族人卻認為不妥
——是莫奇卡人極為流行的避孕方式。

國貞（1789-1865）

口交之愛　約1820-25年

彩色木刻　19×26公分

印地安那州　金西性研究所

今天為人所知的日本色情圖畫，多半取材自「枕頭書」——一種性手冊，每個時代都由最優秀的畫片印刷專家繪製而成，被當成傳家寶似的珍藏起來，由母親傳給女兒。大家以為男人不需要這種玩意兒，不過他們其實需要的，而且仍然需要得很。

國定在這幅畫中描繪的姿勢，對熱中此道的人來說，男女雙方都可以得到相同的快感。這位畫家故意以誇大性器的手法，說明男人應該如何刺激女性的陰蒂，同時女人也可以在不完全含住陰莖的情況之下，單單刺激龜頭部位即可。圖中的文字說的是儘管女性引以為樂事，她仍然覺得偌大的陰莖挺難弄的，因此寧可恢復性交——這是極為合理的欲望，瞧瞧畫中尺寸大得驚人的陰莖就明白了。衛生紙最好準備在身邊，如此在高潮之後，兩人不必起身，就可以清理乾淨。

這兩個戀人深深為對方吸引，因此簡直等不及將衣服褪盡。於是這位紳士放下他的劍，把他的紅色外套拋在椅子上，並且拉下褲子，而這位淑女只需撩高裙子，往牀上一靠即可，她甚至沒有摘掉頭上那頂考究的帽子，香爐裡竄出香氣，靜靜瀰漫著整個房間，與兩個戀人的急躁形成強烈對比，這一點可以從傾斜欲倒的腳凳看得出來。

本畫作者夏羅是與福拉哥納爾同時代的畫家，專門以畫性感圖畫為主。這幅美麗的圖畫沒有留給我們多少想像的空間，但其顯著的細節，卻使我們更能感受到畫的衝擊力。男人強烈的性慾，可由他的紅色外套與鞋跟窺個究竟，那把劍象徵他的生殖力。女人的鞋跟則是端莊的粉紅色，但她對這次性接觸的真正反應，卻從拱起背、豎起尾巴的貓身上表露無遺。

夏羅（1753-1825）

一次多情的接觸

油畫　30.9×26.6公分

紐約　私人藏品

Solitary and Group Pleasures

獨樂樂與眾樂樂

直到目前爲主，本書中的插畫所顯示的，都是兩個人一起從事性的活動。然而其實有更多的性高潮，卻是來自自我娛樂，而非來自別人。不過這個主題仍是一項禁忌。不僅在正常對話中大家絕口不提自慰這件事，連在臥室裡也往往聽不見這類的談話。在我們的社會裡，即使是相愛的一對戀人，也不在對方面前自慰。倘若在你的性伴侶面前自慰的話，很可能就被解釋成如此這般：「我不需要你，我可以自己來。」不過這並不一定是正確的，因爲自慰僅僅是另外一種表達性癖好的方法。

當然，許多人並不是在每一次突然性起的時候，性伴侶就能適時出現在身旁。你的性伴侶可能出城了，或是你根本在感情上還沒有這種牽絆，這時自慰是一種滿足性飢渴的健康的方法。

本章中的插畫顯示自慰並不僅限於男性而已。雖然與清教徒的訓斥恰恰相反，但是女人並不需要等一個男人（或另一個女人）來滿足她們。她們也能夠擁有綺麗的美夢——包括一次眞正高潮的反應。等她們醒過來時，就可以將自己帶入一個美妙無比的高潮，正如希勒的水彩畫一樣，用手指刺激自己的陰部。更重要的是，許多女人在別人能夠滿足她們之前，必須先發現自己身體所能達到的性愛程度才行。

當然，自慰的一個關鍵成分，就是與之俱來的幻想，而這份幻想無論對男人或是女人而言，都能夠與性伴侶達到更刺激的性的境界。不過如果你是個自戀狂，在作性幻想的時候只想到自己，那麼你就很難在性方面與別人建立關係。自戀的領域十分有限。

男人不管談或是不談自慰這碼子事，做起來總是比較習慣——這倒不是什麼心理因素，而是因爲一個簡單的事實：他們的陰莖觸手可及，而且勃起又很難教人不去理會。（女人卻很可能不太容易找到她們的陰核。）比方說羅丹的「巴爾札克」，就是用雙手而非一隻手緊抓住他的性器官。與其說羅丹用自慰表現作家巴爾札克的性活力，不如說它象徵其源源不斷

的創造精力。相反的，希勒那幅哀淒的自畫像，則告訴我們自慰僅僅能夠讓我們暫時逃避世俗的緊張與焦慮罷了。

　　羣戲的歷史和自慰一樣悠久，但卻比自慰更少為人討論，或是成為藝術家表現的主題。我不得不說單單以本書中的插畫而論，畫中所描繪的世界多半是想像，而不是真實狀況。身為男人，想到自己能夠同時滿足七個女人，當然是十分刺激的事，但是這種事究竟真正發生過幾回呢？三人行或許不那麼罕見，因為有些男人希望先觀察兩個女人互相親熱，然後再與他做愛；男人似乎也很喜歡去幻想兩男一女或是更多女人在一起的情況。

　　在古時候，以及後來的一九七〇年代，尤其是在男性同性戀世界裡，狂歡會是了不得的大事，大家為了享受性的快樂，拋棄一切的禁忌。但是今天由於可怕的愛滋病與其他藉著性行為而感染的疾病，這些活動都應該避免。不過這並不代表我們必須放棄幻想。整個足球隊都可能和你一塊兒在牀上，或者你也可以和一夥人一起到任何村子的噴泉裡洗澡——只要這些都是幻想就好。

這幅畫的佈局顯然是非常流行，因為福拉哥納爾至少畫了四幅同樣的東西，其他畫家與版畫家也複製了許多福拉哥納爾的各種畫作。現在這幅收藏於慕尼黑的作品或許是其中最美的一幅，畫中少女皮膚不同的色潤，與白色亞麻牀單的對比，在福拉哥納爾的筆下發揮得淋漓盡致，因而更加顯現出絲質牀帷幕豐富飽滿的色彩——對一個有幾分奇怪的畫面來說，有些過分講究。

這個少女似乎挺自然的與她的小狗玩耍，而她清新、年輕的臉孔令人無法把她和畫中流露的明顯的性意味聯想在一起。這女孩可能毫無邪念，完全不曾察覺她這麼做帶有什麼暗示性，但她想必因為狗尾巴拂弄其陰部而得到很大的快感。一個十九世紀的作家不懷好意地稱之為一種「奇怪的娛樂」，並且說路易十五正式的情婦白利夫人頗好此道。在其他幾幅類似的畫中（與福拉哥納爾同時的雕刻家克羅迪翁的一件雕刻的也是如此），那少女用雙腳把狗兒抬得高高的，其姿勢使得觀者看到——或是想像自己看到她的兩腿之間。但是在福拉哥納爾的這幅作品中，他卻表現出虛假的莊重態度，只讓人瞥見一條大腿與一只乳房。如此這般他似乎是在說看畫的人不用因為自己闖入這一幕天眞無邪的景象而覺得內疚，因為這名少女並沒有受到打擾，她仍保有她的端莊，而且她從與狗玩耍中間所得到的快樂，畢竟和看畫的我們從觀察她中間所得的快樂一樣的多。

福拉哥納爾（1732-1806）
與狗玩耍的年輕女孩　約
1768年
油畫　89×70公分
慕尼黑

143

雷皮西埃（1735-1784）

那西塞斯 1771

油畫 113×143公分

法國聖昆丁 安東・雷庫耶

博物館

古希臘羅馬神話中的人物那西塞斯，是一個俊逸無比的美少年，向來鄙夷有意追求者的注目。一個被他拒絕的戀人——據一位作家說此人是個男的——企求眾神也讓那西塞斯嚐嚐愛得不到回報的痛苦。不久少年來到一個安靜的池邊，立刻愛上了自己在水中的倒影。他微笑著，套一句羅馬詩人奧維德的話說：「他啞口無言，為自己的美驚歎不已。」他試著去擁抱水面上自己的影子，但卻完全得不到反應，絕望之餘，他自殺了。神話說在水池旁邊，從他滴的鮮血下面，竄起一朵水仙。

這個金髮少年因為臉頰緋紅的關係，使得一身皮膚更為白皙，而當初為什麼有這幅畫作，可能是為了練習一種更複雜的構圖，完成之後即當作裝飾放置於路易十五在凡爾賽宮的遊樂亭裡。個性頗為保守的雷皮西埃是個宮廷畫家，他把那西塞斯畫成一個肌肉結實的年輕人，但是隱含在其天生肌肉中的生殖力，卻因其被動的姿勢而大打折扣：他因為仰慕自己而顯出一副頹唐的模樣。根據神話所說，自此以後，性就不是那西塞斯的長處，雷皮西埃隱藏其胸部與性器的表現手法，實在是明智之舉。

塔馬尤（1899-1991）

極樂中的女人

油畫　130.3×194.5公分

約紐　私人藏品

塔馬尤是本世紀在墨西哥從事藝術創作的畫家當中最優秀的一位。正如他許多同胞一樣，他的藝術乃奠基於早在歐洲入侵之前即繁茂於當地的豐富文化。比方說這幅畫即回溯到阿茲提克的儀式，儀式中活人躺在祭壇上當作祭品，奉獻給神明，但是本畫的主題則截然不同：它是一個處於極樂中的女人，一個在夢中享受高潮的女人。她沈睡之深可由她一隻胳臂橫過肩膀看得出來，而她這個夢的性質，更可從她召喚出的人物窺個究竟。他是個教士、情人或是丈夫？我們永遠也無法知道。

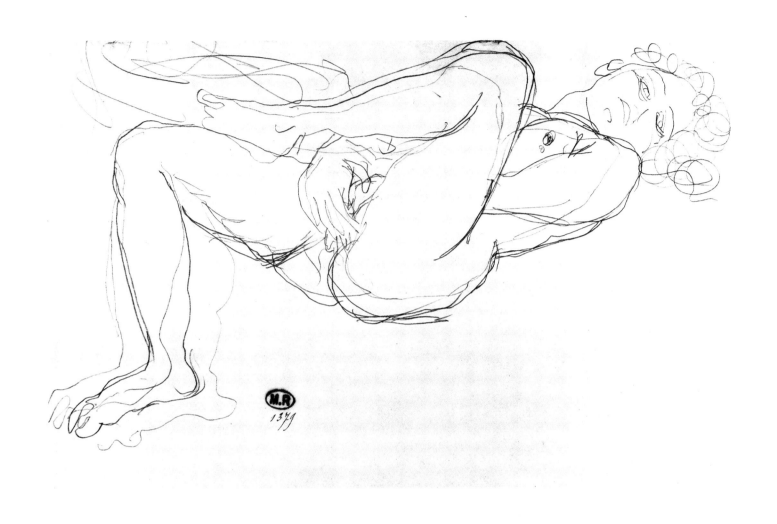

羅丹　自慰的女人
石墨，紙　21.5×31公分
羅丹美術館　巴黎

希 勒不太可能看到過羅丹這幅畫，不過
他或許聽說過羅丹放在畫室裡的一些
色情圖畫。（這位雕刻大師以這些畫嚇得女
性訪客大驚失色出了名。）這兩幅作品相似
得驚人，不如說是因爲兩位藝術家把他們所
看到的景象忠實記錄下來。不過他們是怎麼
說服模特兒在他們面前自慰，我們就不得而
知了。羅丹的模特兒可能只是擺一個自慰的
姿勢，但並沒有眞的在自慰。可是希勒的模

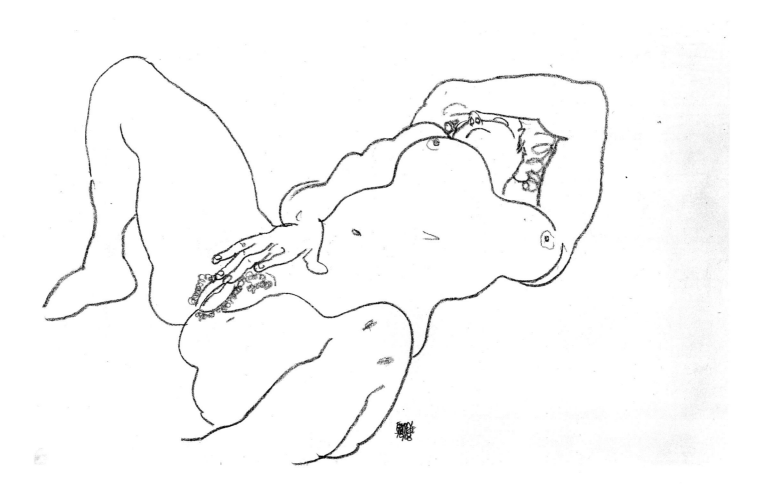

特兒看來倒是眞的：她雙眼緊閉，因此才能完全專心於她的幻想。羅丹的模特兒卻完全相反，她向前望著羅丹，這幅畫與其說是她的幻想，倒不如說是他的幻想（自我）來得更恰當。

說起來要將這些作品歸爲給男人看的春宮畫是很容易的事，女人被貶得極爲低下，但這些圖畫也可以被視爲表達女性在性方面愈發自給自足的一種方式，而且女性也愈來愈自覺有這份能力。這份自覺自然會使女人在生活各層面都變得更爲獨立自主，儘管其過程嫌太慢了些。或許佛洛伊德若在生前看過這些作品的話，就不會硬給女性套個不實的神話，說什麼女人一定要藉著陰道穿刺才能達到高潮。他可能也會恍然大悟刺激陰部的行爲既不墮落，也並非不成熟，而是女人給自己快樂的一種健康的方法，也是從他人那兒得到快樂的一條途徑。

希勒（1890-1918）
橫臥的裸女
黑色鉛筆　紙　29.7×46.2
公分
紐約大都會博物館

畢卡索爲年輕的情婦瑪莉畫這幅文雅肖像的同一年，也將他的妻子奧嘉描繪成一隻祈禱的螳螂，這中間決不是巧合。對畢卡索而言，也套用他的話來說，女人不僅僅是「女神或是腳墊」，她們亦具有威脅性，同時也是溫柔與滋養人心的靈魂。一個女人往往會引起各種互相衝突的反應，不過瑪莉卻似乎只喚起畢卡索性格中最充滿愛意的一面。

這是畢卡索畫瑪莉在椅子上睡著的一系列作品之一。有的人把這幅畫解釋成女主人翁正在作春夢，或者一種自慰式的幻想。畢卡索爲了讓她露出一邊的乳房而將她的衣服拉低，而乳房象徵她的性吸引力。那把扶手椅很明白地表示男性的存在，椅子擁抱著她，算是畢卡索的替身，至於瑪莉則露出甜甜的微笑，彷彿正處於極樂之中。畢卡索筆下的她正享受著他的恩寵，而畫這幅畫顯然即暗喻與她做愛之意。

畢卡索(1881-1973)

夢 1932年

油畫 130×97公分

紐約 私人藏品

去過法國作家巴爾札克位於巴黎的紀念
碑的訪客，大多不明白巴爾札克放在
晨衣下面的兩隻手在做什麼。根據研究紀念
碑的結果顯示，巴爾扎克原來是在自慰，而
且他的陰莖實在太大，非得用兩隻手捧住才
行。因此羅丹將巴爾扎克源源不斷的生產力
，和其性能力劃了等號，作家創造人物、人
生與書，就和父親創造孩子一樣。

　　有趣的是羅丹這座雕像也是沒頭的，就
跟以前雕的那座愛蕊絲一樣。有人或許會以
為他不會像處理女性一樣，使他失去了人的
特性，然而對羅丹而言，所有的人類其實都
可以藉著延伸其性器官強有力地表現出來。

羅丹 (1840-1917)
赤裸的巴爾札克　1896年
青銅　91.9×36×37.8公分
布魯克林博物館

北尾北齋（1760-1849）

採珍珠人與兩隻章魚　約

1814年

彩色木刻畫片　18.9×26.6

公分

倫敦大英博物館

許多女人都抱怨她們的愛人給她們的愛撫不夠，因此還有什麼比幻想自己被兩條八隻手臂的章魚愛著更好的呢？這幅色情畫是個男畫家爲了其他男人的刺激感受而畫的，不過它其實也可以被詮釋爲對女人的正面描繪。這名潛水的採珠人並沒有被虐待或是貶低身分，反而是體驗到最狂放不羈的性滿足感。畫中的文字註明兩條章魚也覺得

十分快樂，它們顯然是用來暗指男人。因爲十九世紀初期的日本男人，只要想到一個女人徹底享受性愛，而且主要是爲了自己的快樂而樂此不疲，想必是十分令人興奮刺激的事。

寺岡政春是個當代畫家，他以日本藝術中著名的例子作爲畫中的意象。他在這幅畫中模仿北齋的採珠人，但卻把她變成一個艷

麗肉感的加州金髮美女。一隻現代章魚正在取悅她，而且它也像一個訓練有素的童子軍似的準備就緒了：他畫了八個保險套包裝紙，每條手臂抓一個。靠近章魚頭部好像陰莖一樣形狀的東西雖然看起來是勃起的模樣，卻沒有戴上保險套。那是一個比例完美、包皮割去的陰莖，但是假如它戴上保險套的話就更好了——不僅是爲了避免意料之外的懷孕，也是爲了發表一九九○年代的一項言論，那就是我們一定要隨時做好準備，去迎頭痛擊一般由性行爲而傳染的疾病，尤其是引起愛滋病的致命病毒。這一切都發生於這個女人的夢裡，而夢中若是包含了安全的性，更是最適合我們這個時代的性愛幻想。

寺岡政美　生於1936年
新潮系列：八個保險套的幻想　1992年
水彩　紙　56.6×76.2公分
約紐　潘蜜拉・歐琴克勞絲畫廊

據希勒所說，這是他夢中所見的景象，而他的幻想也是數以百萬的男人的幻想。誰會不想要一個美麗的女人，有一對形狀如瓜的乳房，一對豎得尖尖的乳頭，而且又開心地為了取悅觀者而暴露自己的私處？她的姿勢等於是毫不遲疑地說：「我在這兒，儘管來吧！」

驚人的是雖然我們的社會充斥著春宮色情，這幅圖的震撼力仍然強大無比。不過這其實不過是許多男人夢寐以求的，而希勒則創造出一種清新直截了當的表現方式，道盡了男性赤裸裸的欲望。

希勒（1890-1918）

夢中少女　1911

水彩、鉛筆、紙　48×32公

分　紐約大都會博物館

希勒正如畢卡索一樣，將性與創造力和藝術劃上等號。但是他和畢卡索也十分不同；畢卡索在許多作品中會畫出自己或是他的替身，正在快樂地享受性愛或是一次勃起，但是希勒的作品卻顯示出硬幣的反面：一個悲哀的世界，性只是焦慮的現代生活的一種解脫，而即使是這種解脫，也毫無樂趣可言。希勒因為展出這類具有明顯性意味的圖畫而遭迫害，後來甚至為此在獄中服刑。他在沮喪與潦倒中去世，享年僅僅二十八歲。

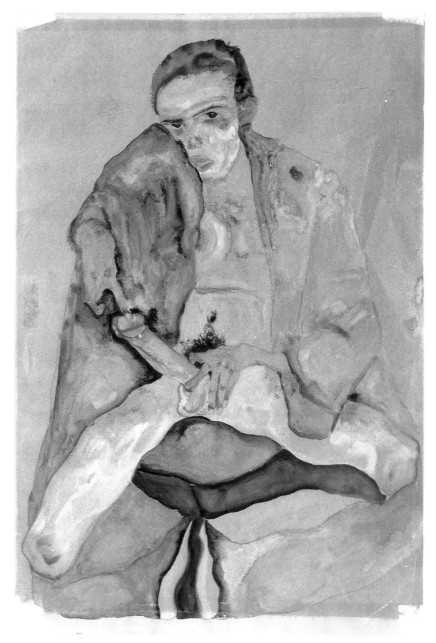

希勒（1890-1918）
性慾　1911　廣告顏料、水彩、黑色鉛筆　紙　55.9×45.7公分
私人藏品

中世紀沐浴景象　15世紀
手稿
義大利摩德拿

羅馬帝國殞落後的幾個世紀是歐洲人的一段黑暗與骯髒時期，人們不再洗澡。不過在十字軍之後，羅馬奢侈的沐浴習慣死灰復燃，因為北歐的武士已習慣了妙不可言的土耳其浴與身上香味瀰漫的近東婦女。大部分的中世紀城鎮裡或是鄰近地區皆建起浴池，不過這種場所的活動，當然不僅限於洗澡而已。看見一個個赤裸的肉體不但給人視覺上的刺激，含酒精的飲料使人放浪形骸，最後卻不免隨性而為。這幅畫並沒有畫出性交的場面，只有左下角有一對親吻中的男女。但是從畫中的樂師、歌者、豐盛的食物與醇酒看得出一件事：不久大家即將好好利用這個節慶大大縱情於聲色之娛一番。

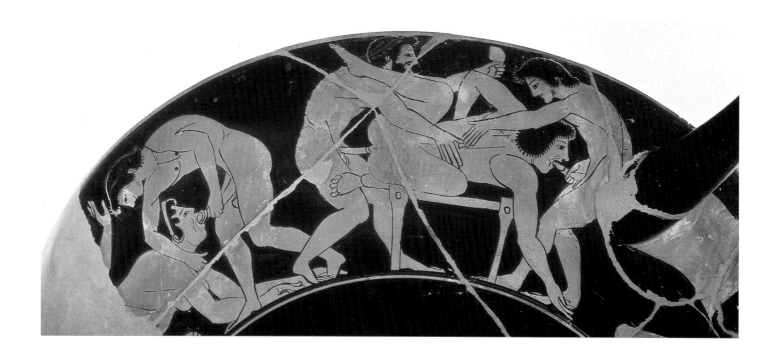

上圖

雅典的紅色人物杯

約西元前510年　85公分高

巴黎　羅浮宮

右圖

象的細部　18世紀

波斯（？）　水彩紙

地點不詳

這個狂歡景象構成了一個可以說是性活動目錄的東西——從口交到肛交，足以證明太陽底下沒啥新鮮事，不過這一點實在不需要證明。這個放蕩作樂的場面或許代表了一次宴會，而且是純粹男性的宴會，但偶爾也會邀請「喜太來」。有人認為「喜太來」是妓女，其實她們比較類似藝妓，是一些經過完整訓練的女人，她們不但娛樂男人的身體，也取悅男人的心靈。希臘哲學家狄摩西尼斯即說得簡單而扼要：「我們為快樂而養藝妓當情婦，為每日的服務而養妓女，為合法生子與照顧家庭而養老婆。」根據約翰・菲爾德的說法，這類的杯子往往是心滿意足的男人送給藝妓的禮物。

在古印度，唯有國王能夠擁有大象。這種偉大的動物——印度話管它叫「Gaja」——因此成為皇族和一切與皇族有關的事物的象徵：財富，力量，與男子氣概。在其他文化中，大象曾被比喻為「走在地上的雨雲」，這個大象與水之間的相互關係也使得這種動物被視為生殖力的象徵。男子氣概，生殖力，心中有了這些性的聯想之後，再看看這幅以象為主的波斯畫，應當比較能夠瞭解了。隔一段距離，我們才看得出畫中是個大象的身體，不過近看之下即知牠其實是由十一個人組成，而且他們正享受各式各樣刺激的性活動。這頭大象確實是頭強壯有力的野獸！

北尾繁政
一個男人與七個女人　1780
年
彩色木刻版畫　25.4×35.5
公分
紐約洛寧畫廊

我們看到一幅畫的佈局包含了一個男人與七個女人，可能會以爲這名畫家爲了滿足男性的幻想，一定會讓那七個女人極盡可能地迎合男人身體每一部分的需要。不過事實恰恰相反，北尾重政認爲讓七個女人各自抓著不同的身體部位來刺激自己，說不定更加刺激。於是手指與腳趾頭全上了陣，但是這樣還嫌不夠。一個女人爲了不被冷落，把一個假陰莖綁在另一個女人的腳上來刺激自己。顯然日本社會在性滿足方面，把女人看得和男人同樣重要——眞是一種十分健康的看法。

佛謝利（1741-1825）

一個男人與三個女人　約
1809-10年

鉛筆　紙　18.9×24.5公分

倫敦　維多利亞與愛伯特博
物館

從這幅臥房景象來看，很難知道究竟是誰在滿足誰。這一次的構圖倒有了改變，男人成了一個無名無姓的性目標，由女人採取主動。不過這幅畫的作者仍然是個男人，作畫的目的則是為了給男性幻想增添燃料，這一點可以明顯從畫中一個女人輕撫男人的性器看得出來，而另一個女人跨騎在男人的陰莖上。以當今社會來說，我們並不鼓勵這種集體性遊戲，但女人可從這幅畫中學到別忽略了男人的睪丸這回事，而男人則應牢記許多女人還是很喜歡男人用口與舌舔她們的陰部的。

佛謝利的遭遇和許多畫家一樣，直到死後才有人發現他的性愛作品。據說他妻子燒掉他許多性意味十分明顯的圖畫，但是仍有一些保留下來，而且把這些作品保留下來的人，很可能正是他妻子。

　　基斯‧哈林表現其藝術的方式，是在紐約地鐵車站張貼的過期廣告紙上作畫。他從一九八〇年代紐約最爲猖獗的塗鴉藝術得到靈感，發展出一種花樣布滿整張畫布的風格，藉以僞裝其意象中所包含之驚世駭俗的性意味。倘若你仔細看這一幅畫的話，就會看見一個男人正在舔另一個男人的性器，而第三個男人則從後方騎上第一個男人，這三個男人都騎在一根特大的陰莖上，彷彿是三名不用鞍具的牛仔似的，我們很容易就想像得出他們其中之一必然吆喝著「咿！哈！」

　　哈林曾說「許多圖畫都是有關權力與力量」。我們並不需要一個女性主義思想的藝術史家來告訴我們那根超級巨大的陰莖象徵了權力，因爲人人皆可看得出來。不過身爲性治療師，應該可以從這幅畫中發現另一種隱含其中的意義。背景部分充滿了小人，每個小人身體裡面都有一根線，可能這些線條代表著病毒。三十一歲即悲慘死去的哈林即是死於引起愛滋病的病毒，他可能藉此圖畫來告訴我們未受保護的性與雜交是多麼危險吧！

基斯・哈林（1958-1990）
無題　1982　Sumi ink　紙
182.8×1706.8公分
紐約現代藝術博物館

Ponam. + in Crime Series : Weenie Waving for the Elephant

喬伊絲‧考茲洛夫是新一代女藝術家中以毫無掩飾的色欲性愛爲主題的一位畫家，而且她探討的手法既幽默又繁複，令人耳目一新。她不像許多人那樣對色情藝術大加撻伐，反而嘗試去瞭解它。她研究各種不同時代與文化的色情藝術，並且把她的發現藉複雜且往往令人發噱的意象表現出來，因而更加強調性的普遍性。比方說在這幅畫的左上角，她就是參考日本畫片中一對盪鞦韆的男女而畫的，旁邊則是模仿勞蘭森的原畫而作的諷刺畫，而其實勞蘭森那幅畫也是爲挪揄福拉哥納爾那幅「鞦韆」而畫的。

考茲洛夫管這幅作品叫「溫妮爲大象擺動」。大象名叫甘尼沙，是印度神西娃的兒子，渾身充滿了活力。我們不得不假想溫妮即是圖的上方那些空中飛人的陰莖。考茲洛夫很高明的一點，就是注意到日本人最喜歡誇大他們的陰莖，而在右邊，她也不忘畫個比較謙遜的歐洲人互相對照一番。

喬伊絲‧考茲洛夫　1942年生
色情是罪第八號作品
溫妮爲大象擺動　1987
水彩紙　55.8×55.8公分
私人藏品

Blissful
Exhaustion

快樂至極的疲累

這一章是本書中篇幅最短的，因為描繪性交後活動的作品極為稀少，看不到什麼非常鮮活的意象，不過這並不是說它比做愛的其他階段來得不重要。

就理想而論，每一個性愛經驗都應該讓參與的雙方徹底滿意，也就是說做愛並不止於高潮。對女人來說，平息情緒的時間要比男人久得多，不過倘若雙方皆能投資時間在後戲上——如愛撫，情深意切的擁抱，緊擁著對方慢慢沈入夢鄉——對下一次的性接觸會有莫大的好處。

各位女性朋友，如果你的性伴侶在親熱之後很不容易保持清醒的話，不如從波提且利的「維納斯」那兒學一招，想盡辦法把他吵醒。行房之後任何種類的對話都很好，只要是愉快的對話就好。別期望兩人開始長篇大論起什麼知性的討論，也別分析你們剛剛做了什麼（「剛才感覺怎樣？」就像一桶冷水）。別提一些未料理妥當的事情，或是絮絮叨叨抱怨你的人際關係，或是——也是最糟的——與其他情人作比較，即使這些情人是你比較喜歡的。

花些時間仔細回味你與身邊這位伴侶共度的這一段時光，並且要像這種機會不會再來一樣去享受這次的接觸。同時要讓它有個美妙的結束，下次的接觸才會更加美好。把後戲想像成未來的前戲！

波提且利（1470-1510）

維納斯與戰神　約1483-84年

油彩　木板　69.2×173.4公分

倫敦國家畫廊

學者們一直找不出究竟哪一段文字或是神話中的插曲，提供波提且利靈感而畫出這幅作品，而且他們也一直無法找出一個大家都同意的說法，來解釋畫中究竟在表現什麼。不過最可能的解釋是這幅畫乃在暗指麥第奇的宮廷裡或是他哥哥去歐蘭佐一生中所發生的事。

畫中毫無疑問的是波提且利所描繪的是愛神維納斯與戰神，這些可以很容易的從她被理想化的美麗與昂貴的長衣裙看得出來，至於戰神是因為他丟在一旁的盔甲，這會兒已經讓一旁嬉戲的森林小神握住了。還有一點很清楚的是波提且利假定他的觀眾知道戰神與他哥哥沃爾康的妻子維納斯有一段為法不容的姦情。

但是這幅畫到底是怎麼回事呢？在文藝復興時期也和古時候一樣，只要有森林之神

的地方，就一定有性。戰神是不是在作春夢
中間幻想出維納斯的倩影？或者是戰神在與
維納斯繾綣之後睡著了，撇下頗不滿意的維
納斯，於是她吩咐森林之神在他身邊吹螺把
他吵醒？維納斯代表和諧與精神之愛，戰神
則代表雜亂與性愛，因此波提且利也可能是
在告訴我們性愛將會迅速倦乏，而精神之愛
可長可遠，歷久彌新。

正如羅馬人的天神朱彼特一樣，希伯來人的參孫在性慾方面永遠無法滿足，好比他的力量永遠不會耗竭一樣。士師記第十六章中提到參孫到了迦薩與一名妓女同睡，後來還有力氣扛起城門，「門閂和門框」並且把它們扛到鄰近的一座山頂。

非利士人的王公貴族想要斬除參孫，於是賄賂他的一個情婦大利拉，好探知他超人般力量的來源為何。參孫撒了三次謊後，才坦白道出他的力量其實是因為他從來不修剪頭髮，因為他向來嚴格遵照其宗教律令，不敢違背。大利拉把他的祕密洩露給非利士人，而且大概是利用性交把他弄得筋疲力竭之後，「大利拉使參孫枕著他的膝睡覺，叫了一個人來剃除他頭上的七條髮綹。於是大利拉剋制他，他的力氣就離開他了。」

忠於聖經原文的魯本斯畫了那一介莽夫趴在蛇蠍美人的膝蓋上睡覺，她露出的胸脯象徵色慾是造成他不幸的原因。欣喜若狂的非利士人等在門後，但是他們的勝利也並非徹底。參孫的頭髮又長了回來。正當非利士人準備羞辱他們的俘虜時，上帝賜給他力量推倒了監獄，結果不僅殺死了他自己，也使得成千名非利士人跟著喪命。

魯本斯（1577-1640）
參孫與大利拉　約1609-10年
油彩　畫板　185×205公分
倫敦國家畫廊　仿製品

床上散落的珠寶首飾，是在激情做愛時丟下的，兩個女人事後瞌睡地摟在一起。女人不像大部分的男人，她們往往希望在高潮之後保持親密的接觸，於是寫實派畫家庫爾貝在這幅作品中公然洩露他對女同性戀不足爲外人道的認識。沒有人能夠否認庫爾貝是以瞭解與充滿愛意的筆觸，來描繪出這兩個女人的肉體，因爲庫爾貝自己即深深爲女人的面貌、感覺與氣味所感動。

然而這幅畫中所不明顯的是庫爾貝這個主題與布局其實是借來的，原作者是爲華特·史考特爵士的一本小說畫插畫的阿基爾·德威利亞，原畫則是一幅石版畫。一旦我們瞭解這一點，就不認爲這幅畫中的景象是庫爾貝親身體驗而忠實描繪下來的記錄，反而比較可能的是他企圖爲崇高的藝術領域引進一個驚世駭俗的主題。長久以來，女同性戀的畫面即被用來激起男人的性趣，男人一想到兩個或更多的女人互相取悅作樂，似乎就覺得格外的興奮。委託庫爾貝畫這幅作品的顧客是一名富有的土耳其人，他還擁有另外兩幅帶有女同性戀意味的名畫，一是安格爾的「土耳其浴」，另一幅是庫爾貝的「世界之起源」。

庫爾貝（1819-1877）

睡眠　畫布

油彩　135×200公分

巴黎小宮殿

塞尚（1839-1906）

那不勒斯午後　約1876年

油彩　畫布　37×45公分

坎培拉　澳洲國家藝廊

親熱之後，倘若能夠與愛人躺在一塊兒並且叫客房服務端來美酒佳餚，該是多麼美妙的事！這正是塞尚筆下這一男一女正在做的事！不過這一對戀人顯然沒有結婚，因為畫的名稱暗示我們這只是在那不勒斯妓院裡一次浪漫的插曲。顯然塞尚從未親眼目睹這一幕景象，但是他憑藉其熱烈的想像力而創造出來。他希望這幅畫能使人想起馬內的「奧林匹亞」或是庫提赫的「墮落的羅馬人」，這些畫都曾在巴黎每一年的畫展造成大轟動。在一八六七年的年度畫展中，塞尚交出一幅主題與「那不勒斯午後」類似的作品，但其遭遇卻與「奧林匹亞」大不相同，它一直並未展出。

塞尚自己的性生活仍然是大家臆測的話題。他有很強烈的幻想人生，但他可能一直沒有付諸實施。他與模特兒費桂特的婚姻，似乎對他們倆而言都稱不上圓滿。

波納爾這幅畫中紅綠兩色極度的和諧，並沒有掩飾其性愛的內容，只是讓它變得更柔和，更悅目了。而且也正如波納爾所用的柔和色調一樣，他所表現的性愛內涵沒有一點緊張與焦慮的成分。畫中的男人，可能正是畫家自己的化身，在與伴侶做愛之後，以一種輕鬆自然的態度站起來穿衣服，而他的伴侶最可能的就是他的妻子瑪絲。雖然波納爾用一面梳鏡把男人與女人隔開而形成對立，不過這種對立不如說是為了布局，與心理狀態並無關係。波納爾可能是希望以一種方式讓男人處於陰影中，如此一來他的裸體才不至於教人分心，而忘了去留意到瑪絲美麗的身影，這時瑪絲正平靜地逗著家裡養的貓玩兒呢！

在橫跨十八、十九世紀的藝術家中，有幾位十分反對象徵主義的濫情，因此並不特別著墨於煽情的性愛主題，反而回復到自然的人類活動的範疇。波納爾在一九○○年左右為瑪絲所畫的圖畫都帶了甜蜜的性愛成分，但是後來她雖然仍繼續擔任他的模特兒，他的畫卻變得比較正式，性愛成分也少得多了。

波納爾（1867-1947）

男與女　1906　油彩

畫布　115×72公分

巴黎　杜爾塞博物館

感謝

他的左手在我頭下，他的右手將我抱住……囑咐你們，不要驚動，不要叫醒我所親愛的，等他自己情願。

雅歌第二章六—七節

我要向下列幾位致最深沈的感謝，要不是他們，這本書的出版就不可能成為事實，而且在編纂過程當中，帶給我無比的快樂！首先謝謝阿比維爾出版公司的羅伯・阿伯蘭姆與馬克・麥高文，同時謝謝芭芭拉・格林曼提出這本書的構想。

安德魯・薛爾頓花了幾星期埋首於圖書館，但他臉上始終帶著微笑，做著一些必要的研究工作，並且挑選我們所需的圖片，述說每幅畫的故事。其他一些學者也針對本書涵蓋至廣的主題，而作了大量的研究，我對他們銘感五內。雖然他們人數甚多，不勝枚舉，我仍希望指出肯・哈馬與羅森納夫婦三個人。

安・曼寧、洛瑞・何根與瑪哥・強金不眠不休地取得書中的照片。我向他們表達誠摯的謝意，同時對所有熱情幫助我們的博物館與私人收藏家表示感謝。派翠西亞・法布瑞坎為本書所創造的浪漫設計，捕捉到這些生動圖片的靈魂，而這一點是我最感激不已的。

最後也是最感謝的人是南茜・葛伯，她參與這本書每一階段的努力。我一開始即看出她是個卓越的編輯，而她如今也成了我的朋友。我們已開始籌劃續集——原來的卡司組合。

最後要感謝的是我的家人與朋友給予我的支持。

174

插圖索引

29——馬內（1832-1883）
金髮美女 約1878年
油畫 62×51.5公分
巴黎

30——女性軀體（1010-80）
高棉人 深灰色沙岩（磨光）
39.4×39.6×14.6公分
水牛城 奧布萊特—納克斯畫廊

31——卡拉瓦喬（1571-1610）
年少的酒神 約1597年
油畫 94.9×85.1公分
弗羅倫斯 烏菲茲美術館

32——羅丹（1840-1917）
諸神的使者愛蕊絲 約1890年
青銅 83×86.3×52公分
洛杉磯美術博物館

33——喬琪亞・歐其菲（1887-1986）
紅罌花 約1923年
91.4×76公分
亞利桑那大學美術博物館

34——庫爾貝（1819-1877）
世界之起源 約1866年
油畫 46×55公分
私人藏品

35——聖法爾 1930年生
她 1963
多媒體 6.1×25公尺
斯德哥爾摩現代美術館

36——馬格利特（1898-1967）
強姦 1934
油畫 73.1×54.6公分
休斯頓 曼尼爾收藏中心

37——克里蒙特 1952年生
光 1991
紙上粉臘筆畫51.3×33公分
紐約 葛戈辛畫廊

38——麥可・明・柴齊（1827-1906）
手的素描 約1870年
紙上墨水筆畫
收藏地點不詳

39——助信（1671-1751）
裝飾愛人陰莖的情婦約1720年
黑白木板印刷
約15.2×20.3公分
紐約 洛寧畫廊

40——Jichosai 活躍於1781-88年
陰莖比賽
水彩紙

41——有大陰莖的坐像
西元前200—西元500
墨西哥科利馬 24.1×22.9×19.1公分
洛杉磯美術館

43——佛萊德・柯若 可可培利夫婦
約1988年
白楊樹根 26.6×12.7×8.9公分

46——提香（1490-1576）
維納斯與風琴手約1550年
油畫 148×217公分
馬德里 普拉多美術館

48——沙德謝克 伊朗人16世紀
柯斯樂睹見雪林池中洗澡
1524-25
詩人奈山米五首史詩中一頁手稿
紙上彩色與鍍金 32×22.3公分
紐約大都會博物館

49——林布蘭（1606-1669）
拔示巴與大衛王的信 1654
油畫 142×142公分
巴黎羅浮宮

51——福拉哥納爾（1732-1806）
鞦韆 1767
油畫 81×64.2公分
倫敦 華利斯藏品

52——查理・戴木（1883-1935）
脫俗的氣質 1930
紙上水彩畫 35.5×30.4公分
紐約惠特尼美國藝術博物館

53——竇加（1834-1917）
傾慕 1876-77
黑墨單刷版畫，以紅、黑蠟筆加強刻板 21.5×16公分
巴黎大學 藝術與考古圖書館
賈克・杜塞基金會

54——菲烈克士・華倫頓 1865-1925
白與黑 1913
油畫 114×147公分
私人藏品

55——湯瑪斯・哈特・班頓（1889-1975）
蓓瑟芬妮（冥王之妻） 1938
蛋彩加釉 亞麻布 183×142公分
堪薩斯市尼爾森・艾金美術館

56——杜勒（1471-1528）
隔著玻璃方格畫裸女的製圖員 1538
木刻畫 7.5×21.5公分
華盛頓特區國會圖書館

57——畢卡索（1881-1973）
陰影 1953.12.29
油彩與木炭 畫布 129.5×96.5公分
巴黎畢卡索美術館

58——安格爾（1780-1867）
拉斐爾與佛娜琳拉1811／12
油畫 66.3×55.6公分
劍橋哈佛大學 佛格藝術館

59——畢卡索（1881-1973）
拉斐爾與佛娜琳拉（取自安格爾同名畫）
1968.9.4. 蝕刻畫 25×32.5公分
巴黎露薏絲畫廊

60——羅伯・柯斯考特 1925年生
美存在於觀者眼裡 1979
畫布 壓克力顏料 213.4×167.6公分
奧勒岡波特蘭市 私人藏品

61——威廉・韋格曼 1943年生
洛麗塔 1990年 拍立得 照片 60.9×50.8公分
私人藏品

65——心的奉獻 十五世紀早期
羊毛織錦畫 208.9×257.8公分
巴黎 國立泰爾密藝術館

66——林布蘭（1606-1669）
新婚夫妻（或猶太新娘） 約1665年
油畫 121.5×166.3公分
阿姆斯特丹 國立美術館

67——揚・史坦（1626-1679）
誘惑 約1668-72年
油畫 49×39.5公分
海牙 布雷弟司博物館

68——馬雅人小雕像
約第九世紀 墨西哥
陶製品 10吋高（25.6公分）
華盛頓特區 敦巴頓橡樹研究圖書館

69——巴洛・杜門尼可・費諾哥利亞 約1597-1651／53
約瑟與波提乏的妻子 1622-23
油畫 231.8×194.9公分
劍橋 哈佛大學 佛格藝術館

70——奧塔夫・拉塞厄特
別殘忍！
石版畫 地點不詳

71——華鐸（1684-1721）
你想情場得意嗎？ 約1716-18
油畫 37×24.9公分
倫敦 華利斯藏品

72——追求 317.8×215.5公分

73——約會 317.5×243.8公分
福拉哥納爾 1732-1806
愛的進行 1771-73
油畫
紐約 菲瑞克藏品

74——情書 317.1×216.8公分

75——戀人加冕
317.8×243.2公分

76、77——馬內（1832-1883）
歌劇院的舞會
油畫 59×72.5公分
華盛頓特區 國立藝術畫廊

78——雷諾瓦（1841-1919）
鄉間之舞 1883
油畫 180×90公分
巴黎 杜爾塞美術館

79——威廉・H・強森（1901-1970）
捷特巴舞Ⅲ 約1939-40年
絹印版畫 44.4×27.9公分
維琴尼亞州漢普頓大學博物館

83——瑪格麗特・傑阿赫（1761-1837）
與福拉哥納爾（1732-1806）
偷吻 約1785-90
油畫 45×55公分

聖彼得堡　國立博物館

84——布隆及諾（1503-1572）

華麗的展現——維納斯、邱比特

、時間與愚行　約1540-50年

畫板　146.1×116.2公分

倫敦國家畫廊

86——布朗庫西（1876-1957）

吻　約1912年

石灰石　58.4公分高

費城藝術博物館

87——孟克（1878-1944）

吻　1895

蝕刻畫　32.9×26.3公分

奧斯陸　孟克博物館

88——卡諾瓦（1757-1822）

邱比特與賽克相擁

大理石　155×168公分

巴黎　羅浮宮

89——情人　十一世紀

印度　鏽色沙岩　74公分

克利夫蘭藝術博物館

92——夏卡爾（1887-1985）生日

1915-23

油畫　81×15.4公分

私人藏品

93——克林姆（1862-1918）

吻　1908

油畫　180×180公分

維也納

94——羅伊・李奇登斯坦

生於1923年

我們緩緩升起　1964

油畫　172.7×233公分

法蘭克福

95——吉奧克・格羅斯（1893-1959

）

女巫瑟西　1927

水彩、鋼筆與鉛筆畫　66×

48.7公分

紐約　現代藝術博物館

96——左馬莉索　1930年生

未命名　1964

水彩　紙　106.6×74.9公分

右一蠟筆　紙　100.3×68.5公

分

97——樹膠水彩　紙　106.6×74.9公

分

98——有兩名戀人的紅色人像杯

約西元前500年

希臘　直徑34公分　柏林

99——羅特列克　1864-1901

吻　1893

油畫　39×58公分

巴黎　私人藏品

100——奧布利・畢爾茲利（1872-

1898）

萊西斯托大的插畫　1927

麻州劍橋哈佛大學圖書館　印

刷與製版木刻藝術系

101——歌麻呂（1754-1806）

兩個情人　約1790年

彩色木刻印版　20.3×30.4公

分

紐約洛寧畫廊

102——紅色人體酒壺

約西元前430年

希臘　24.5公分高

柏林　國家博物館

104——布雪（1703-1770）

海克力斯與歐菲兒

約1731-34

油畫　90×74公分

莫斯科　國立普布金博物館

109——福拉哥納爾（1732-1806）

幸福的戀人　約1770年

油畫　49.5×60.5公分

瑞士　私人藏品

110——仿朱里歐・羅馬諾的雕刻（

1492／99-1546）

姿勢，阿雷堤諾十四行詩的插

畫

1527年

111——高更（1848-1903）

古老的馬荷力教派

約1893年

墨水筆與水彩，紙　21.7×

16.9公分

巴黎杜爾塞美術館

112——林布蘭（1606-1669）

法國之牀　1646

蝕刻畫　12.9×22.6公分

紐約　碼頭橋摩根圖書館

113——帖歐多赫・傑利柯（1791-

1824）

擁抱　約1817年

鉛筆、棕色墨水筆畫，樹膠水

147——希勒（1890-1918）

橫臥的裸女

黑色鉛筆　紙　29.7×46.2公分

紐約大都會博物館

148——畢卡索（1881-1973）

夢　1932年

油畫　130×97公分

紐約　私人藏品

149——羅丹（1840-1917）

赤裸的巴爾札克　1896年

青銅　91.9×36×37.8公分

布魯克林博物館

150——北尾北齋（1760-1849）

採珍珠人與兩隻章魚　約1814年

彩色木刻畫片　18.9×26.6公分

倫敦大英博物館

151——寺岡政美　生於1936年

新潮系列：八個保險套的幻想

1992年

水彩　紙　56.6×76.2公分

約紐　潘蜜拉・歐琴克勞絲畫廊

152——希勒（1890-1918）

夢中少女　1911

水彩、鉛筆、紙　48×32公分

紐約大都會博物館

153——希勒（1890-1918）

性慾　1911　廣告顏料、

水彩、黑色鉛筆　紙　55.9×

45.7公分

私人藏品

154——中世紀沐浴景象　15世紀　手稿

義大利摩德拿

156——雅典的紅色人物杯

約西元前510年　85公分高

巴黎　羅浮宮

157——象的細部　18世紀

波斯（？）　水彩紙

地點不詳

158——北尾繁政

一個男人與七個女人　1780年

彩色木刻版畫　25.4×35.5公分

紐約洛寧畫廊

159——佛謝利（1741-1825）

一個男人與三個女人　約

1809-10年

鉛筆　紙　18.9×24.5公分

倫敦　維多利亞與愛伯特博物館

161——基斯・哈林（1958-1990）

無題　1982　Sumi ink　紙

182.8×1706.8公分　紐約現代藝術博物館

162——喬伊絲・考茲洛夫　1942年生

色情是罪第八號作品

163——溫妮為大象擺動　1987

水彩　紙　55.8×55.8公分

私人藏品

166——波提且利（1470-1510）

維納斯與戰神　約1483-84年

油彩　木板　69.2×173.4公分

倫敦國家畫廊

169——魯本斯（1577-1640）

參孫與大利拉　約1609-10年

油彩　畫板　185×205公分

倫敦國家畫廊　仿製品

171——庫爾貝（1819-1877）

睡眠　畫布

油彩　135×200公分

巴黎小宮殿

172——塞尚（1839-1906）

那不勒斯午後　約1876年

油彩　畫布　37×45公分

坎培拉　澳洲國家藝廊

173——波納爾（1867-1947）

男與女　1906　油彩

畫布　115×72公分

巴黎　杜爾塞博物館